中华人民共和国
司法行政规章汇编

（2020）

中华人民共和国司法部　编

法 律 出 版 社

说　　明

一、为推进各级司法行政机关依法行政，我部按年度编辑出版《中华人民共和国司法行政规章汇编》，本书为2020年度汇编本。

二、本汇编收录了司法部发布及与有关部门联合发布的规章、规范性文件。

三、本汇编收录的规章、规范性文件按业务性质分类，同类规章、规范性文件的排列以发布时间先后为序。

四、本汇编发至县级以上司法行政机关。

五、本汇编具体编辑事宜由司法部立法一局负责。

中华人民共和国司法部

2021年8月

目　录

一、法　律

二、国务院规范性文件

三、部 颁 规 章

四、部规范性文件

（一）刑罚执行工作类

（二）执法监督工作类

（三）公共法律服务工作类

（四）法律援助工作类

（五）公证工作类

（六）司法鉴定工作类

(七) 律师工作类

(八) 国家统一法律职业资格考试工作类

(九)装备财务工作类

五、附　　录

公证协会工作类

一、法　　律

全国人民代表大会常务委员会关于授权国务院在粤港澳大湾区内地九市开展香港法律执业者和澳门执业律师取得内地执业资质和从事律师职业试点工作的决定

（2020年8月11日第十三届全国人民代表大会常务委员会第二十一次会议通过）

为促进粤港澳大湾区建设，发挥香港法律执业者和澳门执业律师的专业作用，第十三届全国人民代表大会常务委员会第二十一次会议决定：授权国务院在广东省广州市、深圳市、珠海市、佛山市、惠州市、东莞市、中山市、江门市、肇庆市开展试点工作，符合条件的香港法律执业者和澳门执业律师通过粤港澳大湾区律师执业考试，取得内地执业资质的，可以从事一定范围内的内地法律事务。具体试点办法由国务院制定，报全国人民代表大会常务委员会备案。试点期限为三年，自试点办法印发之日起算。试点期间，国务院要依法加强对试点工作的组织指导和监督检查，就试点情况向全国人大常委会作出报告。试点期满后，对实践证明可行的，修改完善有关法律。

本决定自公布之日起施行。

二、国务院规范性文件

国务院办公厅关于印发香港法律执业者和澳门执业律师在粤港澳大湾区内地九市取得内地执业资质和从事律师职业试点办法的通知

（2020 年 10 月 5 日　国办发〔2020〕37 号）

各省、自治区、直辖市人民政府，国务院各部委、各直属机构：

《香港法律执业者和澳门执业律师在粤港澳大湾区内地九市取得内地执业资质和从事律师职业试点办法》已经国务院同意，现予印发。

在粤港澳大湾区内地九市开展香港法律执业者和澳门执业律师取得内地执业资质和从事律师职业试点工作，对于促进粤港澳大湾区建设，发挥香港法律执业者和澳门执业律师的专业作用，具有重要意义。各有关地区要按照试点办法要求，做好相关工作。司法部要加强组织指导，稳妥有序推进试点工作，重大情况和问题及时报告国务院。

香港法律执业者和澳门执业律师在粤港澳大湾区内地九市取得内地执业资质和从事律师职业试点办法

根据《全国人民代表大会常务委员会关于授权国务院在粤港澳大湾区内地九市开展香港法律执业者和澳门执业律师取得内地执业资质和从事律师职业试点工作的决定》，在广东省广州市、深圳市、珠海市、佛山市、惠州市、东莞市、中山市、江门市、肇庆市开展试点工作，符合条件的香港法律执业者和澳门执业律师通过粤港澳大湾区律师执业考试，取得内地执业资质的，可以从事一定范围内的内地法律事务。现就做好试点工作制定本办法。

一、报名

符合以下条件的人员，可以报名参加粤港澳大湾区律师执业考试：

（一）香港特别行政区、澳门特别行政区永久性居民中的中国公民；

（二）拥护《中华人民共和国宪法》，拥护《中华人民共和国香港特别行政区基本法》、《中华人民共和国澳门特别行政区基本法》；

（三）依据香港特别行政区有关法律，经香港特别行政区高等法院认许，在律师、大律师登记册上登记，且未被暂时吊销执业资格的律师、大律师，或者在澳门律师公会有效确定注册的执业律师；

（四）具有累计五年以上律师执业经历；

（五）职业道德良好，未有因不良名誉或者违反职业道德受惩处的记录；

（六）能用中文书写法律文书，能用普通话进行业务活动。

二、考试

报名参加粤港澳大湾区律师执业考试的人员应当参加由司法部组织的有关法律知识培训,经培训后方可参加考试。

具体考试时间、考查科目和相关安排由司法部在考试前公布。通过考试的人员,由司法部发出考试合格的通知。

三、申请执业

考试合格的人员,经广东省律师协会集中培训并考核合格后,可以向广东省司法厅申请粤港澳大湾区律师执业,由广东省司法厅颁发律师执业证书(粤港澳大湾区)。

四、业务范围

取得律师执业证书(粤港澳大湾区)的人员,可以在粤港澳大湾区内地九市内,办理适用内地法律的部分民商事法律事务(含诉讼业务和非诉讼业务)。其中,诉讼案件为位于大湾区内地九市的高级、中级、基层人民法院和有关专门人民法院受理的民商事案件,案件范围参照取得国家统一法律职业资格并获得内地律师执业证书的港澳居民可以在内地人民法院代理的民事案件范围执行;非诉讼业务应当满足以下条件之一:

(一)当事人为自然人的,户籍地或者经常居所地在大湾区内地九市内;

(二)当事人为法人或者其他组织的,住所地或者登记地在大湾区内地九市内;

(三)标的物在大湾区内地九市内;

(四)合同履行地在大湾区内地九市内;

(五)产生、变更或者消灭民商事关系的法律事实发生在大湾区内地九市内;

(六)大湾区内地九市内仲裁委员会受理的商事仲裁案件。

持有律师执业证书(粤港澳大湾区)人员办理上述法律事务,与内地律师享有相同的权利,履行相同的义务。

五、执业管理

取得律师执业证书(粤港澳大湾区)的人员,可以受聘于粤港澳大湾区内地九市的内地律师事务所或者大湾区内地九市的香港、澳门与内地合伙联营律师事务所,不得受聘于外国律师事务所驻华代表机构或者香港、澳门律师事务所驻内地代表机构。取得律师执业证书(粤港澳大湾区)的人员,可以成为大湾区内地九市的内地律师事务所合伙人。

取得律师执业证书(粤港澳大湾区)的人员,依照《中华人民共和国律师法》接受广东省司法厅及所在地司法行政机关的监督管理,加入所在地的地方律师协会,参加年度考核,同时是中华全国律师协会会员,接受律师协会的行业管理。

取得律师执业证书(粤港澳大湾区)的人员,不能保持报名条件或者申请律师执业条件的,由广东省司法厅注销其律师执业证书(粤港澳大湾区);有违法违纪行为的,由有关司法行政机关、律师协会依法依规给予行政处罚、行业处分。

六、组织实施

司法部负责组织实施粤港澳大湾区律师执业考试,做好命题、评卷等工作,加强对考试工作的监督,确保考试公平公正和组织严密;指导广东省司法厅认真做好组织实施报名、报名资格初审、培训、考务等具体工作。培训地点和考场设在广东省深圳市,视澳门报名人员规模,也可以同时在广东省珠海市设立考场。

考试经费来源为财政经费和考试收费。考试收费项目和标准,按照有关规定确定后执行。

试点期限为三年,自本办法印发之日起算。

三、部 颁 规 章

司法部关于修改《公证程序规则》的决定

（2020年9月27日司法部部务会议审议通过
2020年10月20日司法部令第145号公布
自2021年1月1日起施行）

为认真贯彻习近平新时代中国特色社会主义思想，深入贯彻落实党的十九大和十九届二中、三中、四中全会精神，进一步推动公证工作便民利民，提高公证服务质量，根据中央有关公证工作改革精神和决策部署，司法部决定对《公证程序规则》（司法部令第103号）作如下修改：

一、将第二条修改为："公证机构办理公证，应当遵守法律，坚持客观、公正、便民的原则，遵守公证执业规范和执业纪律。"

二、在第十八条增加一款，作为第二款："对于前款第四项、第五项所规定的申请人应当提交的证明材料，公证机构能够通过政务信息资源共享方式获取的，当事人可以不提交，但应当作出有关信息真实合法的书面承诺。"

三、删除第二十条。

四、将第二十一条修改为："公证机构受理公证申请后，应当告知当事人申请公证事项的法律意义和可能产生的法律后果，告知其在办理公证过程中享有的权利、承担的义务。告知内容、告知方式和时间，应当记录归档，并由申请人或其代理人签字。"

增加一款，作为第二款："公证机构受理公证申请后，应当在全国公证管理系统录入办证信息，加强公证办理流程管理，方便当事人查询。"

五、将第二十三条改为第二十条。

六、将第二十六条改为第二十五条,修改为:“公证机构在审查中,对当事人的身份、申请公证的事项以及当事人提供的证明材料,按照有关办证规则需要核实或者对其有疑义的,应当进行核实,或者委托异地公证机构代为核实。有关单位或者个人应当依法予以协助。”

增加一款,作为第二款:“审查自然人身份,应当采取使用身份识别核验设备等方式,并记录附卷。”

七、增加一条,作为第二十六条:“公证机构在审查中,应当询问当事人有关情况,释明法律风险,提出法律意见建议,解答当事人疑问;发现有重大、复杂情形的,应当由公证机构集体讨论。”

八、将第三十九条第一项修改为:“(一)债权文书以给付为内容”。

增加两项,分别作为第三项、第五项:“(三)债务履行方式、内容、时限明确”“(五)债权人和债务人愿意接受公证机构对债务履行情况进行核实”。

九、将第五十三条第一款修改为:“公证机构办理遗嘱公证,应当由二人共同办理。承办公证员应当全程亲自办理,并对遗嘱人订立遗嘱的过程录音录像。”

增加一款,作为第三款:“公证机构办理遗嘱公证,应当查询全国公证管理系统。出具公证书的,应当于出具当日录入办理信息。”

十、将第五十五条第一款修改为:“债务人不履行或者不适当履行经公证的具有强制执行效力的债权文书的,公证机构应当对履约情况进行核实后,依照有关规定出具执行证书。”

增加一款,作为第二款:“债务人履约、公证机构核实、当事人就债权债务达成新的协议等涉及强制执行的情况,承办公证员应当制作工作记录附卷。”

十一、将第六十三条第三款修改为:“公证机构撤销公证书或者出具补正公证书的,应当于撤销决定作出或补正公证书出具当日报地方公证协会备案,并录入全国公证管理系统。”

十二、在第七十条增加一款,作为第二款:“公证机构采取在线方式办理公证业务,适用本规则。司法部另有规定的,从其规定。”

此外,对条文顺序作相应修改。

本决定自2021年1月1日起施行。

《公证程序规则》根据本决定作相应修改,重新公布。

公证程序规则

(2006年5月18日司法部令第103号发布
2020年10月20日司法部令第145号修正)

第一章　总　　则

第一条　为了规范公证程序,保证公证质量,根据《中华人民共和国公证法》(以下简称《公证法》)和有关法律、行政法规的规定,制定本规则。

第二条　公证机构办理公证,应当遵守法律,坚持客观、公正、便民的原则,遵守公证执业规范和执业纪律。

第三条　公证机构依法独立行使公证职能,独立承担民事责任,任何单位、个人不得非法干预,其合法权益不受侵犯。

第四条　公证机构应当根据《公证法》的规定,受理公证申请,办理公证业务,以本公证机构的名义出具公证书。

第五条　公证员受公证机构指派,依照《公证法》和本规则规定的程序办理公证业务,并在出具的公证书上署名。

依照《公证法》和本规则的规定,在办理公证过程中须公证员亲自办理的事务,不得指派公证机构的其他工作人员办理。

第六条 公证机构和公证员办理公证,不得有《公证法》第十三条、第二十三条禁止的行为。

公证机构的其他工作人员以及依据本规则接触到公证业务的相关人员,不得泄露在参与公证业务活动中知悉的国家秘密、商业秘密或者个人隐私。

第七条 公证机构应当建立、健全公证业务管理制度和公证质量管理制度,对公证员的执业行为进行监督。

第八条 司法行政机关依照《公证法》和本规则规定,对公证机构和公证员的执业活动和遵守程序规则的情况进行监督、指导。

公证协会依据章程和行业规范,对公证机构和公证员的执业活动和遵守程序规则的情况进行监督。

第二章 公证当事人

第九条 公证当事人是指与公证事项有利害关系并以自己的名义向公证机构提出公证申请,在公证活动中享有权利和承担义务的自然人、法人或者其他组织。

第十条 无民事行为能力人或者限制民事行为能力人申办公证,应当由其监护人代理。

法人申办公证,应当由其法定代表人代表。

其他组织申办公证,应当由其负责人代表。

第十一条 当事人可以委托他人代理申办公证,但申办遗嘱、遗赠扶养协议、赠与、认领亲子、收养关系、解除收养关系、生存状况、委托、声明、保证及其他与自然人人身有密切关系的公证事项,应当由其本人亲自申办。

公证员、公证机构的其他工作人员不得代理当事人在本公证机构申办公证。

第十二条 居住在香港、澳门、台湾地区的当事人,委托他人代理申办涉及继承、财产权益处分、人身关系变更等重要公证事项的，其授权委托书应当经其居住地的公证人(机构)公证，或者经司法部指定的机构、人员证明。

居住在国外的当事人，委托他人代理申办前款规定的重要公证事项的，其授权委托书应当经其居住地的公证人(机构)、我驻外使(领)馆公证。

第三章　公证执业区域

第十三条　公证执业区域是指由省、自治区、直辖市司法行政机关，根据《公证法》第二十五条和《公证机构执业管理办法》第十条的规定以及当地公证机构设置方案，划定的公证机构受理公证业务的地域范围。

公证机构的执业区域，由省、自治区、直辖市司法行政机关在办理该公证机构设立或者变更审批时予以核定。

公证机构应当在核定的执业区域内受理公证业务。

第十四条　公证事项由当事人住所地、经常居住地、行为地或者事实发生地的公证机构受理。

涉及不动产的公证事项，由不动产所在地的公证机构受理；涉及不动产的委托、声明、赠与、遗嘱的公证事项，可以适用前款规定。

第十五条　二个以上当事人共同申办同一公证事项的，可以共同到行为地、事实发生地或者其中一名当事人住所地、经常居住地的公证机构申办。

第十六条　当事人向二个以上可以受理该公证事项的公证机构提出申请的，由最先受理申请的公证机构办理。

第四章　申请与受理

第十七条　自然人、法人或者其他组织向公证机构申请办理公

证,应当填写公证申请表。公证申请表应当载明下列内容:

(一)申请人及其代理人的基本情况;

(二)申请公证的事项及公证书的用途;

(三)申请公证的文书的名称;

(四)提交证明材料的名称、份数及有关证人的姓名、住址、联系方式;

(五)申请的日期;

(六)其他需要说明的情况。

申请人应当在申请表上签名或者盖章,不能签名、盖章的由本人捺指印。

第十八条 自然人、法人或者其他组织申请办理公证,应当提交下列材料:

(一)自然人的身份证明,法人的资格证明及其法定代表人的身份证明,其他组织的资格证明及其负责人的身份证明;

(二)委托他人代为申请的,代理人须提交当事人的授权委托书,法定代理人或者其他代理人须提交有代理权的证明;

(三)申请公证的文书;

(四)申请公证的事项的证明材料,涉及财产关系的须提交有关财产权利证明;

(五)与申请公证的事项有关的其他材料。

对于前款第四项、第五项所规定的申请人应当提交的证明材料,公证机构能够通过政务信息资源共享方式获取的,当事人可以不提交,但应当作出有关信息真实合法的书面承诺。

第十九条 符合下列条件的申请,公证机构可以受理:

(一)申请人与申请公证的事项有利害关系;

(二)申请人之间对申请公证的事项无争议;

(三)申请公证的事项符合《公证法》第十一条规定的范围;

(四)申请公证的事项符合《公证法》第二十五条的规定和该公证机构在其执业区域内可以受理公证业务的范围。

法律、行政法规规定应当公证的事项，符合前款第一项、第二项、第四项规定条件的，公证机构应当受理。

对不符合本条第一款、第二款规定条件的申请，公证机构不予受理，并通知申请人。对因不符合本条第一款第四项规定不予受理的，应当告知申请人向可以受理该公证事项的公证机构申请。

第二十条 公证机构受理公证申请后，应当指派承办公证员，并通知当事人。当事人要求该公证员回避，经查属于《公证法》第二十三条第三项规定应当回避情形的，公证机构应当改派其他公证员承办。

第二十一条 公证机构受理公证申请后，应当告知当事人申请公证事项的法律意义和可能产生的法律后果，告知其在办理公证过程中享有的权利、承担的义务。告知内容、告知方式和时间，应当记录归档，并由申请人或其代理人签字。

公证机构受理公证申请后，应当在全国公证管理系统录入办证信息，加强公证办理流程管理，方便当事人查询。

第二十二条 公证机构受理公证申请后，应当按照规定向当事人收取公证费。公证办结后，经核定的公证费与预收数额不一致的，应当办理退还或者补收手续。

对符合法律援助条件的当事人，公证机构应当按照规定减收或者免收公证费。

第五章　审　　查

第二十三条 公证机构受理公证申请后，应当根据不同公证事项的办证规则，分别审查下列事项：

（一）当事人的人数、身份、申请办理该项公证的资格及相应的权利；

（二）当事人的意思表示是否真实；

（三）申请公证的文书的内容是否完备，含义是否清晰，签名、印鉴是否齐全；

（四）提供的证明材料是否真实、合法、充分；

（五）申请公证的事项是否真实、合法。

第二十四条　当事人应当向公证机构如实说明申请公证的事项的有关情况，提交的证明材料应当真实、合法、充分。

公证机构在审查中，对申请公证的事项的真实性、合法性有疑义的，认为当事人的情况说明或者提供的证明材料不充分、不完备或者有疑义的，可以要求当事人作出说明或者补充证明材料。

当事人拒绝说明有关情况或者补充证明材料的，依照本规则第四十八条的规定处理。

第二十五条　公证机构在审查中，对当事人的身份、申请公证的事项以及当事人提供的证明材料，按照有关办证规则需要核实或者对其有疑义的，应当进行核实，或者委托异地公证机构代为核实。有关单位或者个人应当依法予以协助。

审查自然人身份，应当采取使用身份识别核验设备等方式，并记录附卷。

第二十六条　公证机构在审查中，应当询问当事人有关情况，释明法律风险，提出法律意见建议，解答当事人疑问；发现有重大、复杂情形的，应当由公证机构集体讨论。

第二十七条　公证机构可以采用下列方式，核实公证事项的有关情况以及证明材料：

（一）通过询问当事人、公证事项的利害关系人核实；

（二）通过询问证人核实；

（三）向有关单位或者个人了解相关情况或者核实、收集相关书证、物证、视听资料等证明材料；

（四）通过现场勘验核实；

（五）委托专业机构或者专业人员鉴定、检验检测、翻译。

第二十八条　公证机构进行核实，应当遵守有关法律、法规和有关办证规则的规定。

公证机构派员外出核实的,应当由二人进行,但核实、收集书证的除外。特殊情况下只有一人外出核实的,应当有一名见证人在场。

第二十九条 采用询问方式向当事人、公证事项的利害关系人或者有关证人了解、核实公证事项的有关情况以及证明材料的,应当告知被询问人享有的权利、承担的义务及其法律责任。询问的内容应当制作笔录。

询问笔录应当载明:询问日期、地点、询问人、记录人,询问事由,被询问人的基本情况,告知内容、询问谈话内容等。

询问笔录应当交由被询问人核对后签名或者盖章、捺指印。笔录中修改处应当由被询问人盖章或者捺指印认可。

第三十条 在向当事人、公证事项的利害关系人、证人或者有关单位、个人核实或者收集有关公证事项的证明材料时,需要摘抄、复印(复制)有关资料、证明原件、档案材料或者对实物证据照相并作文字描述记载的,摘抄、复印(复制)的材料或者物证照片及文字描述记载应当与原件或者物证相符,并由资料、原件、物证所有人或者档案保管人对摘抄、复印(复制)的材料或者物证照片及文字描述记载核对后签名或者盖章。

第三十一条 采用现场勘验方式核实公证事项及其有关证明材料的,应当制作勘验笔录,由核实人员及见证人签名或者盖章。根据需要,可以采用绘图、照相、录像或者录音等方式对勘验情况或者实物证据予以记载。

第三十二条 需要委托专业机构或者专业人员对申请公证的文书或者公证事项的证明材料进行鉴定、检验检测、翻译的,应当告知当事人由其委托办理,或者征得当事人的同意代为办理。鉴定意见、检验检测结论、翻译材料,应当由相关专业机构及承办鉴定、检验检测、翻译的人员盖章和签名。

委托鉴定、检验检测、翻译所需的费用,由当事人支付。

第三十三条 公证机构委托异地公证机构核实公证事项及其有关证明材料的,应当出具委托核实函,对需要核实的事项及内容提出明确的要求。受委托的公证机构收到委托函后,应当在一个月内完成核实。因故不能完成或者无法核实的,应当在上述期限内函告委托核实的公证机构。

第三十四条 公证机构在审查中,认为申请公证的文书内容不完备、表达不准确的,应当指导当事人补正或者修改。当事人拒绝补正、修改的,应当在工作记录中注明。

应当事人的请求,公证机构可以代为起草、修改申请公证的文书。

第六章 出具公证书

第三十五条 公证机构经审查,认为申请公证的事项符合《公证法》、本规则及有关办证规则规定的,应当自受理之日起十五个工作日内向当事人出具公证书。

因不可抗力、补充证明材料或者需要核实有关情况的,所需时间不计算在前款规定的期限内,并应当及时告知当事人。

第三十六条 民事法律行为的公证,应当符合下列条件:

(一)当事人具有从事该行为的资格和相应的民事行为能力;

(二)当事人的意思表示真实;

(三)该行为的内容和形式合法,不违背社会公德;

(四)《公证法》规定的其他条件。

不同的民事法律行为公证的办证规则有特殊要求的,从其规定。

第三十七条 有法律意义的事实或者文书的公证,应当符合下列条件:

(一)该事实或者文书与当事人有利害关系;

(二)事实或者文书真实无误;

(三)事实或者文书的内容和形式合法,不违背社会公德;

(四)《公证法》规定的其他条件。

不同的有法律意义的事实或者文书公证的办证规则有特殊要求

的,从其规定。

第三十八条 文书上的签名、印鉴、日期的公证,其签名、印鉴、日期应当准确、属实;文书的副本、影印本等文本的公证,其文本内容应当与原本相符。

第三十九条 具有强制执行效力的债权文书的公证,应当符合下列条件:

(一)债权文书以给付为内容;

(二)债权债务关系明确,债权人和债务人对债权文书有关给付内容无疑义;

(三)债务履行方式、内容、时限明确;

(四)债权文书中载明当债务人不履行或者不适当履行义务时,债务人愿意接受强制执行的承诺;

(五)债权人和债务人愿意接受公证机构对债务履行情况进行核实;

(六)《公证法》规定的其他条件。

第四十条 符合《公证法》、本规则及有关办证规则规定条件的公证事项,由承办公证员拟制公证书,连同被证明的文书、当事人提供的证明材料及核实情况的材料、公证审查意见,报公证机构的负责人或其指定的公证员审批。但按规定不需要审批的公证事项除外。

公证机构的负责人或者被指定负责审批的公证员不得审批自己承办的公证事项。

第四十一条 审批公证事项及拟出具的公证书,应当审核以下内容:

(一)申请公证的事项及其文书是否真实、合法;

(二)公证事项的证明材料是否真实、合法、充分;

(三)办证程序是否符合《公证法》、本规则及有关办证规则的规定;

(四)拟出具的公证书的内容、表述和格式是否符合相关规定。

审批重大、复杂的公证事项,应当在审批前提交公证机构集体讨论。讨论的情况和形成的意见，应当记录归档。

第四十二条 公证书应当按照司法部规定的格式制作。公证书包括以下主要内容：

（一）公证书编号；

（二）当事人及其代理人的基本情况；

（三）公证证词；

（四）承办公证员的签名（签名章）、公证机构印章；

（五）出具日期。

公证证词证明的文书是公证书的组成部分。

有关办证规则对公证书的格式有特殊要求的，从其规定。

第四十三条 制作公证书应当使用全国通用的文字。在民族自治地方，根据当事人的要求，可以同时制作当地通用的民族文字文本。两种文字的文本，具有同等效力。

发往香港、澳门、台湾地区使用的公证书应当使用全国通用的文字。

发往国外使用的公证书应当使用全国通用的文字。根据需要和当事人的要求，公证书可以附外文译文。

第四十四条 公证书自出具之日起生效。

需要审批的公证事项，审批人的批准日期为公证书的出具日期；不需要审批的公证事项，承办公证员的签发日期为公证书的出具日期；现场监督类公证需要现场宣读公证证词的，宣读日期为公证书的出具日期。

第四十五条 公证机构制作的公证书正本，由当事人各方各收执一份，并可以根据当事人的需要制作若干份副本。公证机构留存公证书原本（审批稿、签发稿）和一份正本归档。

第四十六条 公证书出具后，可以由当事人或其代理人到公证机构领取，也可以应当事人的要求由公证机构发送。当事人或其代理人收到公证书应当在回执上签收。

第四十七条 公证书需要办理领事认证的，根据有关规定或者当事人的委托,公证机构可以代为办理公证书认证,所需费用由当事人支付。

第七章　不予办理公证和终止公证

第四十八条　公证事项有下列情形之一的,公证机构应当不予办理公证:

(一)无民事行为能力人或者限制民事行为能力人没有监护人代理申请办理公证的;

(二)当事人与申请公证的事项没有利害关系的;

(三)申请公证的事项属专业技术鉴定、评估事项的;

(四)当事人之间对申请公证的事项有争议的;

(五)当事人虚构、隐瞒事实,或者提供虚假证明材料的;

(六)当事人提供的证明材料不充分又无法补充,或者拒绝补充证明材料的;

(七)申请公证的事项不真实、不合法的;

(八)申请公证的事项违背社会公德的;

(九)当事人拒绝按照规定支付公证费的。

第四十九条　不予办理公证的,由承办公证员写出书面报告,报公证机构负责人审批。不予办理公证的决定应当书面通知当事人或其代理人。

不予办理公证的,公证机构应当根据不予办理的原因及责任,酌情退还部分或者全部收取的公证费。

第五十条　公证事项有下列情形之一的,公证机构应当终止公证:

(一)因当事人的原因致使该公证事项在六个月内不能办结的;

(二)公证书出具前当事人撤回公证申请的;

(三)因申请公证的自然人死亡、法人或者其他组织终止,不能继续办理公证或者继续办理公证已无意义的;

（四）当事人阻挠、妨碍公证机构及承办公证员按规定的程序、期限办理公证的；

（五）其他应当终止的情形。

第五十一条 终止公证的，由承办公证员写出书面报告，报公证机构负责人审批。终止公证的决定应当书面通知当事人或其代理人。

终止公证的，公证机构应当根据终止的原因及责任，酌情退还部分收取的公证费。

第八章 特别规定

第五十二条 公证机构办理招标投标、拍卖、开奖等现场监督类公证，应当由二人共同办理。承办公证员应当依照有关规定，通过事前审查、现场监督，对其真实性、合法性予以证明，现场宣读公证证词，并在宣读后七日内将公证书发送当事人。该公证书自宣读公证证词之日起生效。

办理现场监督类公证，承办公证员发现当事人有弄虚作假、徇私舞弊、违反活动规则、违反国家法律和有关规定行为的，应当即时要求当事人改正；当事人拒不改正的，应当不予办理公证。

第五十三条 公证机构办理遗嘱公证，应当由二人共同办理。承办公证员应当全程亲自办理，并对遗嘱人订立遗嘱的过程录音录像。

特殊情况下只能由一名公证员办理时，应当请一名见证人在场，见证人应当在询问笔录上签名或者盖章。

公证机构办理遗嘱公证，应当查询全国公证管理系统。出具公证书的，应当于出具当日录入办理信息。

第五十四条 公证机构派员外出办理保全证据公证的，由二人共同办理，承办公证员应当亲自外出办理。

办理保全证据公证，承办公证员发现当事人是采用法律、法规禁止的方式取得证据的，应当不予办理公证。

第五十五条 债务人不履行或者不适当履行经公证的具有强制执行效力的债权文书的，公证机构应当对履约情况进行核实后，依照有关规定出具执行证书。

债务人履约、公证机构核实、当事人就债权债务达成新的协议等涉及强制执行的情况，承办公证员应当制作工作记录附卷。

执行证书应当载明申请人、被申请执行人、申请执行标的和申请执行的期限。债务人已经履行的部分，应当在申请执行标的中予以扣除。因债务人不履行或者不适当履行而发生的违约金、滞纳金、利息等，可以应债权人的要求列入申请执行标的。

第五十六条 经公证的事项在履行过程中发生争议的，出具公证书的公证机构可以应当事人的请求进行调解。经调解后当事人达成新的协议并申请公证的，公证机构可以办理公证；调解不成的，公证机构应当告知当事人就该争议依法向人民法院提起民事诉讼或者向仲裁机构申请仲裁。

第九章 公证登记和立卷归档

第五十七条 公证机构办理公证，应当填写公证登记簿，建立分类登记制度。

登记事项包括：公证事项类别、当事人姓名（名称）、代理人（代表人）姓名、受理日期、承办人、审批人（签发人）、结案方式、办结日期、公证书编号等。

公证登记簿按年度建档，应当永久保存。

第五十八条 公证机构在出具公证书后或者作出不予办理公证、终止公证的决定后，应当依照司法部、国家档案局制定的有关公证文书立卷归档和公证档案管理的规定，由承办公证员将公证文书和相关材料，在三个月内完成汇总整理、分类立卷、移交归档。

第五十九条 公证机构受理公证申请后，承办公证员即应当着手立卷的准备工作,开始收集有关的证明材料,整理询问笔录和核实情况的有关材料等。

对不能附卷的证明原件或者实物证据,应当按照规定将其原件复印件(复制件)、物证照片及文字描述记载留存附卷。

第六十条 公证案卷应当根据公证事项的类别、内容,划分为普通卷、密卷,分类归档保存。

公证案卷应当根据公证事项的类别、用途及其证据价值确定保管期限。保管期限分短期、长期、永久三种。

涉及国家秘密、遗嘱的公证事项,列为密卷。立遗嘱人死亡后,遗嘱公证案卷转为普通卷保存。

公证机构内部对公证事项的讨论意见和有关请示、批复等材料,应当装订成副卷,与正卷一起保存。

第十章 公证争议处理

第六十一条 当事人认为公证书有错误的,可以在收到公证书之日起一年内,向出具该公证书的公证机构提出复查。

公证事项的利害关系人认为公证书有错误的,可以自知道或者应当知道该项公证之日起一年内向出具该公证书的公证机构提出复查,但能证明自己不知道的除外。提出复查的期限自公证书出具之日起最长不得超过二十年。

复查申请应当以书面形式提出,载明申请人认为公证书存在的错误及其理由,提出撤销或者更正公证书的具体要求,并提供相关证明材料。

第六十二条 公证机构收到复查申请后,应当指派原承办公证员之外的公证员进行复查。复查结论及处理意见,应当报公证机构的负责人审批。

第六十三条 公证机构进行复查,应当对申请人提出的公证书的错误及其理由进行审查、核实,区别不同情况,按照以下规定予以处理：

（一）公证书的内容合法、正确、办理程序无误的，作出维持公证书的处理决定；

（二）公证书的内容合法、正确，仅证词表述或者格式不当的，应当收回公证书，更正后重新发给当事人；不能收回的，另行出具补正公证书；

（三）公证书的基本内容违法或者与事实不符的，应当作出撤销公证书的处理决定；

（四）公证书的部分内容违法或者与事实不符的，可以出具补正公证书，撤销对违法或者与事实不符部分的证明内容；也可以收回公证书，对违法或者与事实不符的部分进行删除、更正后，重新发给当事人；

（五）公证书的内容合法、正确，但在办理过程中有违反程序规定、缺乏必要手续的情形，应当补办缺漏的程序和手续；无法补办或者严重违反公证程序的，应当撤销公证书。

被撤销的公证书应当收回，并予以公告，该公证书自始无效。

公证机构撤销公证书或出具补正公证书的，应当于撤销决定作出或补正公证书出具当日报地方公证协会备案，并录入全国公证管理系统。

第六十四条　公证机构应当自收到复查申请之日起三十日内完成复查，作出复查处理决定，发给申请人。需要对公证书作撤销或者更正、补正处理的，应当在作出复查处理决定后十日内完成。复查处理决定及处理后的公证书，应当存入原公证案卷。

公证机构办理复查，因不可抗力、补充证明材料或者需要核实有关情况的，所需时间不计算在前款规定的期限内，但补充证明材料或者需要核实有关情况的，最长不得超过六个月。

第六十五条　公证机构发现出具的公证书的内容及办理程序有本规则第六十三条第二项至第五项规定情形的，应当通知当事人，按照本规则第六十三条的规定予以处理。

第六十六条 公证书被撤销的,所收的公证费按以下规定处理:

(一)因公证机构的过错撤销公证书的,收取的公证费应当全部退还当事人;

(二)因当事人的过错撤销公证书的,收取的公证费不予退还;

(三)因公证机构和当事人双方的过错撤销公证书的,收取的公证费酌情退还。

第六十七条 当事人、公证事项的利害关系人对公证机构作出的撤销或者不予撤销公证书的决定有异议的,可以向地方公证协会投诉。

投诉的处理办法,由中国公证协会制定。

第六十八条 当事人、公证事项的利害关系人对公证书涉及当事人之间或者当事人与公证事项的利害关系人之间实体权利义务的内容有争议的,公证机构应当告知其可以就该争议向人民法院提起民事诉讼。

第六十九条 公证机构及其公证员因过错给当事人、公证事项的利害关系人造成损失的,由公证机构承担相应的赔偿责任;公证机构赔偿后,可以向有故意或者重大过失的公证员追偿。

当事人、公证事项的利害关系人与公证机构因过错责任和赔偿数额发生争议,协商不成的,可以向人民法院提起民事诉讼,也可以申请地方公证协会调解。

第十一章　附　　则

第七十条 有关办证规则对不同的公证事项的办证程序有特殊规定的,从其规定。

公证机构采取在线方式办理公证业务,适用本规则。司法部另有规定的,从其规定。

第七十一条 公证机构根据《公证法》第十二条规定受理的提存、登记、保管等事务,依照有关专门规定办理;没有专门规定的,参照本规则办理。

第七十二条 公证机构及其公证员在办理公证过程中，有违反《公证法》第四十一条、第四十二条以及本规则规定行为的，由司法行政机关依据《公证法》、《公证机构执业管理办法》、《公证员执业管理办法》给予相应的处罚；有违反公证行业规范行为的，由公证协会给予相应的行业处分。

第七十三条 本规则由司法部解释。

第七十四条 本规则自 2006 年 7 月 1 日起施行。司法部 2002 年 6 月 18 日发布的《公证程序规则》(司法部令第 72 号)同时废止。

法律职业资格管理办法

（2020年11月17日司法部部务会议审议通过
2020年12月1日司法部令第146号公布
自2021年1月1日起施行）

第一章　总　　则

第一条　为规范法律职业资格申请受理、审查核查、审核认定、证书颁发、服务和管理等工作，根据《中华人民共和国行政许可法》等规定，制定本办法。

第二条　司法行政机关实施法律职业资格管理，应当以习近平法治思想为指导，坚持法律职业队伍革命化、正规化、专业化、职业化方向，建设一支高素质的社会主义法律职业队伍。

第三条　司法行政机关实施法律职业资格管理，应当遵循程序规范、高效便民、公开透明、公平公正的原则。

第四条　司法部负责法律职业资格审核认定、法律职业资格证书制作颁发等工作。

省、自治区、直辖市司法行政机关负责本地法律职业资格申请材料的核查、证书的组织发放等工作。

设区的市级司法行政机关负责本地法律职业资格申请材料的受理、审查和证书发放等工作。

第五条　司法行政机关应当加强法律职业资格管理信息化建设，提高在线服务水平。

第二章　申请受理和审查、核查

第六条　司法行政机关统一受理法律职业资格申请，以公告方式确定统一受理日期。

第七条　符合《国家统一法律职业资格考试实施办法》第十八条规定情形的人员，申请授予法律职业资格的（以下简称申请人），应当在受理期限内通过司法部网站登录法律职业资格管理系统，如实填写申请授予法律职业资格信息，并到设区的市级或者直辖市司法行政机关（以下简称受理机关）指定的工作场所现场提交下列材料：

（一）居民身份证；

（二）毕业证书、学位证书或者学历、学位证明书原件；

（三）司法部公告要求的其他材料。

申请享受放宽政策并达到放宽条件地区合格分数线的申请人，应当向本人户籍所在地设区的市级司法行政机关申请授予法律职业资格，并现场提交户口簿原件。

申请人应当对其所提交材料的真实性负责。证件原件由受理机关核验并复印或者扫描后退回，复印件或者扫描件留存归档。

第八条　受理机关收到申请人的申请材料后，应当根据下列情况分别作出处理：

（一）申请材料齐全、符合法定形式的，或者申请人按照受理机关要求提交全部补正申请材料的，应当受理并向申请人出具法律职业资格申请受理单；

（二）申请材料不齐全或者不符合法定形式的，应当当场或者在五个工作日内一次告知申请人需要补正的全部材料及内容；

（三）不符合法律职业资格申请条件的，应当出具不予受理通知书并说明理由。

具有前款第二项规定等情形的，受理机关可以采用个别受理方式受理法律职业资格申请。

第九条 受理机关应当自统一受理之日起对申请人提交的申请材料进行审查，并将书面审查报告与相关申请材料一并报送省级司法行政机关核查。对申请材料不真实或者不符合法律职业资格授予条件的，应当提交不授予法律职业资格的书面报告并说明理由，报省级司法行政机关核查。

省级司法行政机关应当对申请授予法律职业资格人员的申请材料进行核查，提交授予或者不授予法律职业资格的书面核查报告，报司法部审核认定。

受理机关为直辖市司法行政机关的，由该直辖市司法行政机关对申请授予法律职业资格人员的申请材料进行审查、核查，提交授予或者不授予法律职业资格的书面核查报告，报司法部审核认定。

自受理申请至向司法部报送书面核查报告的期限为二十个工作日。

第十条 受理机关应当将申请授予法律职业资格的依据、条件、程序、期限以及需要提交的全部材料的目录和申请书示范文本等在办公场所和网站上公示。

第三章 审核认定和证书颁发

第十一条 司法部应当自收到省级司法行政机关书面核查报告等材料之日起二十个工作日内完成审核认定，根据下列情况分别作出处理：

（一）符合《国家统一法律职业资格考试实施办法》第十八条规定的法律职业资格授予条件的，作出授予法律职业资格的决定，颁发法律职业资格证书；

（二）不符合法律职业资格授予条件的，作出不授予法律职业资格的决定，并说明理由。

按照前款规定期限不能完成审核认定的，经司法部负责人批准，可以延长十个工作日。延长期限的理由以司法部公告统一告知申请人。

第十二条 司法部根据下列情形，授予申请人法律职业资格，并颁发相应的法律职业资格证书：

（一）符合《国家统一法律职业资格考试实施办法》第九条、第二十二条规定的条件，考试成绩达到全国统一合格分数线的，颁发 A 类法律职业资格证书；

（二）符合《国家统一法律职业资格考试实施办法》第二十三条规定的条件，申请享受放宽政策，考试成绩达到全国统一合格分数线的，颁发 B 类法律职业资格证书；

（三）符合《国家统一法律职业资格考试实施办法》第九条、第二十二条、第二十三条规定的条件，申请享受放宽政策，考试成绩达到放宽条件地区合格分数线的，颁发 C 类法律职业资格证书。

第十三条 司法部应当自作出授予法律职业资格决定之日起十个工作日内颁发法律职业资格证书。

省、自治区、直辖市司法行政机关具体负责法律职业资格证书的组织发放，并将相关情况载入档案。

第十四条 取得 C 类法律职业资格证书人员，重新参加国家统一法律职业资格考试，达到全国统一合格分数线的，可以申请授予 A 类或者 B 类法律职业资格证书，并向司法行政机关交回已取得的 C 类法律职业资格证书，原证书自作出授予新的法律职业资格决定之日起自动失效。

第十五条 A 类法律职业资格证书在全国范围内有效。B 类和 C 类法律职业资格证书的适用范围，由国家统一法律职业资格考试协调委员会确定。

取得 B 类法律职业资格证书人员，在获得《国家统一法律职业资格考试实施办法》第九条规定的专业学历条件后，其 B 类法律职业资格证书在全国范围内有效。

第十六条 法律职业资格证书采用纸质证书和电子证书形式，

由设区的市级及以上司法行政机关实施管理。

法律职业资格证书的样式,由司法部统一制定。

法律职业资格纸质证书与电子证书具有同等法律效力。

第十七条　取得法律职业资格人员应当妥善保管和使用法律职业资格证书,不得涂改、倒卖、出租、出借和转让。

第十八条　取得法律职业资格人员遗失、损毁纸质证书的,可以向设区的市级司法行政机关申请办理法律职业资格证明书。

法律职业资格证明书与法律职业资格证书具有同等法律效力。

第四章　服务和管理

第十九条　司法行政机关应当建立取得法律职业资格人员档案,实行纸质档案和电子档案形式,由设区的市级及以上司法行政机关管理,并及时记载、更新相关信息。

档案主要记载下列内容:

(一)考试报名信息、本办法第七条规定的相关申请材料;

(二)法律职业资格证书种类、取得时间和撤销、注销法律职业资格情况;

(三)调转档案情况;

(四)办理法律职业资格证明书情况;

(五)参加职前培训情况;

(六)其他应当载入档案的情况。

第二十条　司法部公布授予法律职业资格有关信息,供有关部门和社会公众查询。

第二十一条　取得法律职业资格人员需要调转档案的,由本人通过法律职业资格管理系统向调入地司法行政机关提出申请,办理变更手续。

第二十二条　通过贿赂或者使用虚假身份证件、学历和学位证件以及其他证明文件等不正当手段取得法律职业资格的,由司法部依法予以撤销,并办理注销手续。

具有前款规定情形的,依法移送有关部门追究法律责任。

第二十三条 伪造、变造或者使用伪造、变造的法律职业资格证书、法律职业资格证明书的,依法追究法律责任。

第二十四条 司法行政机关作出不予受理申请、不予授予法律职业资格或者撤销法律职业资格等处理决定的,应当告知相对人享有依法申请行政复议或者提起行政诉讼的权利。

第五章 附 则

第二十五条 参加国家统一法律职业资格考试成绩合格的港澳台居民,申请授予法律职业资格及其管理,适用本办法。

第二十六条 实行国家统一法律职业资格考试前取得的法律职业资格证书、律师资格凭证,与参加国家统一法律职业资格考试取得的法律职业资格证书具有同等法律效力。

对参加国家司法考试取得的法律职业资格的管理,适用本办法。

第二十七条 本办法由司法部负责解释。

第二十八条 本办法自 2021 年 1 月 1 日起施行。2002 年 7 月 8 日公布的《法律职业资格证书管理办法》(司法部令第 74 号)同时废止。

四、部规范性文件

（一）刑罚执行工作类

最高人民法院　最高人民检察院
公安部　司法部关于印发《中华人民共和国
社区矫正法实施办法》的通知

（2020 年 6 月 18 日　司发通〔2020〕59 号）

各省、自治区、直辖市高级人民法院、人民检察院、公安厅（局）、司法厅（局），新疆维吾尔自治区高级人民法院生产建设兵团分院、新疆生产建设兵团人民检察院、公安局、司法局、监狱管理局：

为做好《中华人民共和国社区矫正法》的贯彻实施，进一步推进和规范社区矫正工作，最高人民法院、最高人民检察院、公安部、司法部对 2012 年 1 月 10 日印发的《社区矫正实施办法》进行了修订，制定了《中华人民共和国社区矫正法实施办法》。现予以印发，请认真贯彻执行。对执行中遇到的问题，请分别及时报告最高人民法院、最高人民检察院、公安部、司法部。

中华人民共和国社区矫正法实施办法

第一条　为了推进和规范社区矫正工作，根据《中华人民共和国刑法》《中华人民共和国刑事诉讼法》《中华人民共和国社区矫正法》等有关法律规定，制定本办法。

第二条　社区矫正工作坚持党的绝对领导，实行党委政府统一领导、司法行政机关组织实施、相关部门密切配合、社会力量广泛参与、检察机关法律监督的领导体制和工作机制。

第三条 地方人民政府根据需要设立社区矫正委员会,负责统筹协调和指导本行政区域内的社区矫正工作。

司法行政机关向社区矫正委员会报告社区矫正工作开展情况,提请社区矫正委员会协调解决社区矫正工作中的问题。

第四条 司法行政机关依法履行以下职责:

(一)主管本行政区域内社区矫正工作;

(二)对本行政区域内设置和撤销社区矫正机构提出意见;

(三)拟定社区矫正工作发展规划和管理制度,监督检查社区矫正法律法规和政策的执行情况;

(四)推动社会力量参与社区矫正工作;

(五)指导支持社区矫正机构提高信息化水平;

(六)对在社区矫正工作中作出突出贡献的组织、个人,按照国家有关规定给予表彰、奖励;

(七)协调推进高素质社区矫正工作队伍建设;

(八)其他依法应当履行的职责。

第五条 人民法院依法履行以下职责:

(一)拟判处管制、宣告缓刑、决定暂予监外执行的,可以委托社区矫正机构或者有关社会组织对被告人或者罪犯的社会危险性和对所居住社区的影响,进行调查评估,提出意见,供决定社区矫正时参考;

(二)对执行机关报请假释的,审查执行机关移送的罪犯假释后对所居住社区影响的调查评估意见;

(三)核实并确定社区矫正执行地;

(四)对被告人或者罪犯依法判处管制、宣告缓刑、裁定假释、决定暂予监外执行;

(五)对社区矫正对象进行教育,及时通知并送达法律文书;

(六)对符合撤销缓刑、撤销假释或者暂予监外执行收监执行条

件的社区矫正对象,作出判决、裁定和决定;

(七)对社区矫正机构提请逮捕的,及时作出是否逮捕的决定;

(八)根据社区矫正机构提出的减刑建议作出裁定;

(九)其他依法应当履行的职责。

第六条 人民检察院依法履行以下职责:

(一)对社区矫正决定机关、社区矫正机构或者有关社会组织的调查评估活动实行法律监督;

(二)对社区矫正决定机关判处管制、宣告缓刑、裁定假释、决定或者批准暂予监外执行活动实行法律监督;

(三)对社区矫正法律文书及社区矫正对象交付执行活动实行法律监督;

(四)对监督管理、教育帮扶社区矫正对象的活动实行法律监督;

(五)对变更刑事执行、解除矫正和终止矫正的活动实行法律监督;

(六)受理申诉、控告和举报,维护社区矫正对象的合法权益;

(七)按照刑事诉讼法的规定,在对社区矫正实行法律监督中发现司法工作人员相关职务犯罪,可以立案侦查直接受理的案件;

(八)其他依法应当履行的职责。

第七条 公安机关依法履行以下职责:

(一)对看守所留所服刑罪犯拟暂予监外执行的,可以委托开展调查评估;

(二)对看守所留所服刑罪犯拟暂予监外执行的,核实并确定社区矫正执行地;对符合暂予监外执行条件的,批准暂予监外执行;对符合收监执行条件的,作出收监执行的决定;

(三)对看守所留所服刑罪犯批准暂予监外执行的,进行教育,及时通知并送达法律文书;依法将社区矫正对象交付执行;

(四)对社区矫正对象予以治安管理处罚;到场处置经社区矫正机构制止无效,正在实施违反监督管理规定或者违反人民法院禁止

令等违法行为的社区矫正对象;协助社区矫正机构处置突发事件;

(五)协助社区矫正机构查找失去联系的社区矫正对象;执行人民法院作出的逮捕决定;被裁定撤销缓刑、撤销假释和被决定收监执行的社区矫正对象逃跑的,予以追捕;

(六)对裁定撤销缓刑、撤销假释,或者对人民法院、公安机关决定暂予监外执行收监的社区矫正对象,送交看守所或者监狱执行;

(七)执行限制社区矫正对象出境的措施;

(八)其他依法应当履行的职责。

第八条 监狱管理机关以及监狱依法履行以下职责:

(一)对监狱关押罪犯拟提请假释的,应当委托进行调查评估;对监狱关押罪犯拟暂予监外执行的,可以委托进行调查评估;

(二)对监狱关押罪犯拟暂予监外执行的,依法核实并确定社区矫正执行地;对符合暂予监外执行条件的,监狱管理机关作出暂予监外执行决定;

(三)对监狱关押罪犯批准暂予监外执行的,进行教育,及时通知并送达法律文书;依法将社区矫正对象交付执行;

(四)监狱管理机关对暂予监外执行罪犯决定收监执行的,原服刑或者接收其档案的监狱应当立即将罪犯收监执行;

(五)其他依法应当履行的职责。

第九条 社区矫正机构是县级以上地方人民政府根据需要设置的,负责社区矫正工作具体实施的执行机关。社区矫正机构依法履行以下职责:

(一)接受委托进行调查评估,提出评估意见;

(二)接收社区矫正对象,核对法律文书、核实身份、办理接收登记,建立档案;

(三)组织入矫和解矫宣告,办理入矫和解矫手续;

(四)建立矫正小组、组织矫正小组开展工作,制定和落实矫正方案;

(五)对社区矫正对象进行监督管理,实施考核奖惩;审批会客、外出、变更执行地等事项；了解掌握社区矫正对象的活动情况和行为表现；组织查找失去联系的社区矫正对象，查找后依情形作出处理；

（六）提出治安管理处罚建议，提出减刑、撤销缓刑、撤销假释、收监执行等变更刑事执行建议，依法提请逮捕；

（七）对社区矫正对象进行教育帮扶，开展法治道德等教育，协调有关方面开展职业技能培训、就业指导，组织公益活动等事项；

（八）向有关机关通报社区矫正对象情况，送达法律文书；

（九）对社区矫正工作人员开展管理、监督、培训，落实职业保障；

（十）其他依法应当履行的职责。

设置和撤销社区矫正机构，由县级以上地方人民政府司法行政部门提出意见，按照规定的权限和程序审批。社区矫正日常工作由县级社区矫正机构具体承担；未设置县级社区矫正机构的，由上一级社区矫正机构具体承担。省、市两级社区矫正机构主要负责监督指导、跨区域执法的组织协调以及与同级社区矫正决定机关对接的案件办理工作。

第十条 司法所根据社区矫正机构的委托，承担社区矫正相关工作。

第十一条 社区矫正机构依法加强信息化建设，运用现代信息技术开展监督管理和教育帮扶。

社区矫正工作相关部门之间依法进行信息共享，人民法院、人民检察院、公安机关、司法行政机关依法建立完善社区矫正信息交换平台，实现业务协同、互联互通，运用现代信息技术及时准确传输交换有关法律文书，根据需要实时查询社区矫正对象交付接收、监督管理、教育帮扶、脱离监管、被治安管理处罚、被采取强制措施、变更刑事执行、办理再犯罪案件等情况，共享社区矫正工作动态信息，提高社区矫正信息化水平。

第十二条 对拟适用社区矫正的，社区矫正决定机关应当核实社区矫正对象的居住地。社区矫正对象在多个地方居住的，可以确定经常居住地为执行地。没有居住地,居住地、经常居住地无法确定或者不适宜执行社区矫正的,应当根据有利于社区矫正对象接受矫正、更好地融入社会的原则,确定社区矫正执行地。被确定为执行地的社区矫正机构应当及时接收。

社区矫正对象的居住地是指其实际居住的县(市、区)。社区矫正对象的经常居住地是指其经常居住的,有固定住所、固定生活来源的县(市、区)。

社区矫正对象应如实提供其居住、户籍等情况,并提供必要的证明材料。

第十三条 社区矫正决定机关对拟适用社区矫正的被告人、罪犯,需要调查其社会危险性和对所居住社区影响的,可以委托拟确定为执行地的社区矫正机构或者有关社会组织进行调查评估。社区矫正机构或者有关社会组织收到委托文书后应当及时通知执行地县级人民检察院。

第十四条 社区矫正机构、有关社会组织接受委托后,应当对被告人或者罪犯的居所情况、家庭和社会关系、犯罪行为的后果和影响、居住地村(居)民委员会和被害人意见、拟禁止的事项、社会危险性、对所居住社区的影响等情况进行调查了解,形成调查评估意见,与相关材料一起提交委托机关。调查评估时,相关单位、部门、村(居)民委员会等组织、个人应当依法为调查评估提供必要的协助。

社区矫正机构、有关社会组织应当自收到调查评估委托函及所附材料之日起十个工作日内完成调查评估,提交评估意见。对于适用刑事案件速裁程序的,应当在五个工作日内完成调查评估,提交评估意见。评估意见同时抄送执行地县级人民检察院。需要延长调查评估时限的,社区矫正机构、有关社会组织应当与委托机关协商,并在协商确定的期限内完成调查评估。因被告人或者罪犯的姓名、居住地不真实、身份不明等原因,社区矫正机构、有关社会组织无法进行调查评估的,应当及时向委托机关说明情况。社区矫正决定机关对调查评估意见的采信情况,应当在相关法律文书中说明。

对调查评估意见以及调查中涉及的国家秘密、商业秘密、个人隐私等信息,应当保密,不得泄露。

第十五条 社区矫正决定机关应当对社区矫正对象进行教育,书面告知其到执行地县级社区矫正机构报到的时间期限以及逾期报到或者未报到的后果,责令其按时报到。

第十六条 社区矫正决定机关应当自判决、裁定或者决定生效之日起五日内通知执行地县级社区矫正机构,并在十日内将判决书、裁定书、决定书、执行通知书等法律文书送达执行地县级社区矫正机构,同时抄送人民检察院。收到法律文书后,社区矫正机构应当在五日内送达回执。

社区矫正对象前来报到时,执行地县级社区矫正机构未收到法律文书或者法律文书不齐全,应当先记录在案,为其办理登记接收手续,并通知社区矫正决定机关在五日内送达或者补齐法律文书。

第十七条 被判处管制、宣告缓刑、裁定假释的社区矫正对象到执行地县级社区矫正机构报到时,社区矫正机构应当核对法律文书、核实身份,办理登记接收手续。对社区矫正对象存在因行动不便、自行报到确有困难等特殊情况的,社区矫正机构可以派员到其居住地等场所办理登记接收手续。

暂予监外执行的社区矫正对象,由公安机关、监狱或者看守所依法移送至执行地县级社区矫正机构,办理交付接收手续。罪犯原服刑地与居住地不在同一省、自治区、直辖市,需要回居住地暂予监外执行的,原服刑地的省级以上监狱管理机关或者设区的市一级以上公安机关应当书面通知罪犯居住地的监狱管理机关、公安机关,由其指定一所监狱、看守所接收社区矫正对象档案,负责办理其收监、刑满释放等手续。对看守所留所服刑罪犯暂予监外执行,原服刑地与居住地在同一省、自治区、直辖市的,可以不移交档案。

第十八条 执行地县级社区矫正机构接收社区矫正对象后,应当建立社区矫正档案,包括以下内容:

(一)适用社区矫正的法律文书;

（二）接收、监管审批、奖惩、收监执行、解除矫正、终止矫正等有关社区矫正执行活动的法律文书；

（三）进行社区矫正的工作记录；

（四）社区矫正对象接受社区矫正的其他相关材料。

接受委托对社区矫正对象进行日常管理的司法所应当建立工作档案。

第十九条 执行地县级社区矫正机构、受委托的司法所应当为社区矫正对象确定矫正小组，与矫正小组签订矫正责任书，明确矫正小组成员的责任和义务，负责落实矫正方案。

矫正小组主要开展下列工作：

（一）按照矫正方案，开展个案矫正工作；

（二）督促社区矫正对象遵纪守法，遵守社区矫正规定；

（三）参与对社区矫正对象的考核评议和教育活动；

（四）对社区矫正对象走访谈话，了解其思想、工作和生活情况，及时向社区矫正机构或者司法所报告；

（五）协助对社区矫正对象进行监督管理和教育帮扶；

（六）协助社区矫正机构或者司法所开展其他工作。

第二十条 执行地县级社区矫正机构接收社区矫正对象后，应当组织或者委托司法所组织入矫宣告。

入矫宣告包括以下内容：

（一）判决书、裁定书、决定书、执行通知书等有关法律文书的主要内容；

（二）社区矫正期限；

（三）社区矫正对象应当遵守的规定、被剥夺或者限制行使的权利、被禁止的事项以及违反规定的法律后果；

（四）社区矫正对象依法享有的权利；

（五）矫正小组人员组成及职责；

（六）其他有关事项。

宣告由社区矫正机构或者司法所的工作人员主持，矫正小组成员及其他相关人员到场,按照规定程序进行。宣告后,社区矫正对象应当在书面材料上签字,确认已经了解所宣告的内容。

第二十一条 社区矫正机构应当根据社区矫正对象被判处管制、宣告缓刑、假释和暂予监外执行的不同裁判内容和犯罪类型、矫正阶段、再犯罪风险等情况,进行综合评估,划分不同类别,实施分类管理。

社区矫正机构应当把社区矫正对象的考核结果和奖惩情况作为分类管理的依据。

社区矫正机构对不同类别的社区矫正对象,在矫正措施和方法上应当有所区别,有针对性地开展监督管理和教育帮扶工作。

第二十二条 执行地县级社区矫正机构、受委托的司法所要根据社区矫正对象的性别、年龄、心理特点、健康状况、犯罪原因、悔罪表现等具体情况,制定矫正方案,有针对性地消除社区矫正对象可能重新犯罪的因素,帮助其成为守法公民。

矫正方案应当包括社区矫正对象基本情况、对社区矫正对象的综合评估结果、对社区矫正对象的心理状态和其他特殊情况的分析、拟采取的监督管理、教育帮扶措施等内容。

矫正方案应当根据分类管理的要求、实施效果以及社区矫正对象的表现等情况,相应调整。

第二十三条 执行地县级社区矫正机构、受委托的司法所应当根据社区矫正对象的个人生活、工作及所处社区的实际情况,有针对性地采取通信联络、信息化核查、实地查访等措施,了解掌握社区矫正对象的活动情况和行为表现。

第二十四条 社区矫正对象应当按照有关规定和社区矫正机构的要求,定期报告遵纪守法、接受监督管理、参加教育学习、公益活动和社会活动等情况。发生居所变化、工作变动、家庭重大变故以及接触对其矫正可能产生不利影响人员等情况时,应当及时报告。被宣告禁止令的社区矫正对象应当定期报告遵守禁止令的情况。

暂予监外执行的社区矫正对象应当每个月报告本人身体情况。

保外就医的，应当到省级人民政府指定的医院检查，每三个月向执行地县级社区矫正机构、受委托的司法所提交病情复查情况。执行地县级社区矫正机构根据社区矫正对象的病情及保证人等情况，可以调整报告身体情况和提交复查情况的期限。延长一个月至三个月以下的，报上一级社区矫正机构批准；延长三个月以上的，逐级上报省级社区矫正机构批准。批准延长的，执行地县级社区矫正机构应当及时通报同级人民检察院。

社区矫正机构根据工作需要，可以协调对暂予监外执行的社区矫正对象进行病情诊断、妊娠检查或者生活不能自理的鉴别。

第二十五条 未经执行地县级社区矫正机构批准，社区矫正对象不得接触其犯罪案件中的被害人、控告人、举报人，不得接触同案犯等可能诱发其再犯罪的人。

第二十六条 社区矫正对象未经批准不得离开所居住市、县。确有正当理由需要离开的，应当经执行地县级社区矫正机构或者受委托的司法所批准。

社区矫正对象外出的正当理由是指就医、就学、参与诉讼、处理家庭或者工作重要事务等。

前款规定的市是指直辖市的城市市区、设区的市的城市市区和县级市的辖区。在设区的同一市内跨区活动的，不属于离开所居住的市、县。

第二十七条 社区矫正对象确需离开所居住的市、县的，一般应当提前三日提交书面申请，并如实提供诊断证明、单位证明、入学证明、法律文书等材料。

申请外出时间在七日内的，经执行地县级社区矫正机构委托，可以由司法所批准，并报执行地县级社区矫正机构备案；超过七日的，由执行地县级社区矫正机构批准。执行地县级社区矫正机构每次批准外出的时间不超过三十日。

因特殊情况确需外出超过三十日的，或者两个月内外出时间累计超过三十日的，应报上一级社区矫正机构审批。上一级社区矫正机构批准社区矫正对象外出的,执行地县级社区矫正机构应当及时通报同级人民检察院。

第二十八条 在社区矫正对象外出期间,执行地县级社区矫正机构、受委托的司法所应当通过电话通讯、实时视频等方式实施监督管理。

执行地县级社区矫正机构根据需要,可以协商外出目的地社区矫正机构协助监督管理,并要求社区矫正对象在到达和离开时向当地社区矫正机构报告,接受监督管理。外出目的地社区矫正机构在社区矫正对象报告后,可以通过电话通讯、实地查访等方式协助监督管理。

社区矫正对象应在外出期限届满前返回居住地,并向执行地县级社区矫正机构或者司法所报告,办理手续。因特殊原因无法按期返回的,应及时向社区矫正机构或者司法所报告情况。发现社区矫正对象违反外出管理规定的,社区矫正机构应当责令其立即返回,并视情节依法予以处理。

第二十九条 社区矫正对象确因正常工作和生活需要经常性跨市、县活动的,应当由本人提出书面申请,写明理由、经常性去往市县名称、时间、频次等,同时提供相应证明,由执行地县级社区矫正机构批准,批准一次的有效期为六个月。在批准的期限内,社区矫正对象到批准市、县活动的,可以通过电话、微信等方式报告活动情况。到期后,社区矫正对象仍需要经常性跨市、县活动的,应当重新提出申请。

第三十条 社区矫正对象因工作、居所变化等原因需要变更执行地的,一般应当提前一个月提出书面申请,并提供相应证明材料,由受委托的司法所签署意见后报执行地县级社区矫正机构审批。

执行地县级社区矫正机构收到申请后,应当在五日内书面征求新执行地县级社区矫正机构的意见。新执行地县级社区矫正机构接到征求意见函后,应当在五日内核实有关情况,作出是否同意接收的意见并书面回复。执行地县级社区矫正机构根据回复意见,作出决定。执行地县级社区矫正机构对新执行地县级社区矫正机构的回复意见有异议的，可以报上一级社区矫正机构协调解决。

经审核，执行地县级社区矫正机构不同意变更执行地的，应在决定作出之日起五日内告知社区矫正对象。同意变更执行地的，应对社区矫正对象进行教育，书面告知其到新执行地县级社区矫正机构报到的时间期限以及逾期报到或者未报到的后果，责令其按时报到。

第三十一条 同意变更执行地的，原执行地县级社区矫正机构应当在作出决定之日起五日内，将有关法律文书和档案材料移交新执行地县级社区矫正机构，并将有关法律文书抄送社区矫正决定机关和原执行地县级人民检察院、公安机关。新执行地县级社区矫正机构收到法律文书和档案材料后，在五日内送达回执，并将有关法律文书抄送所在地县级人民检察院、公安机关。

同意变更执行地的，社区矫正对象应当自收到变更执行地决定之日起七日内，到新执行地县级社区矫正机构报到。新执行地县级社区矫正机构应当核实身份、办理登记接收手续。发现社区矫正对象未按规定时间报到的，新执行地县级社区矫正机构应当立即通知原执行地县级社区矫正机构，由原执行地县级社区矫正机构组织查找。未及时办理交付接收，造成社区矫正对象脱管漏管的，原执行地社区矫正机构会同新执行地社区矫正机构妥善处置。

对公安机关、监狱管理机关批准暂予监外执行的社区矫正对象变更执行地的，公安机关、监狱管理机关在收到社区矫正机构送达的法律文书后，应与新执行地同级公安机关、监狱管理机关办理交接。新执行地的公安机关、监狱管理机关应指定一所看守所、监狱接收社区矫正对象档案，负责办理其收监、刑满释放等手续。看守所、监狱在接收档案之日起五日内，应当将有关情况通报新执行地县级社区矫正机构。对公安机关批准暂予监外执行的社区矫正对象在同一省、自治区、直辖市变更执行地的，可以不移交档案。

第三十二条 社区矫正机构应当根据有关法律法规、部门规章和其他规范性文件，建立内容全面、程序合理、易于操作的社区矫正对象考核奖惩制度。

社区矫正机构、受委托的司法所应当根据社区矫正对象认罪悔罪、遵守有关规定、服从监督管理、接受教育等情况,定期对其考核。对于符合表扬条件、具备训诫、警告情形的社区矫正对象,经执行地县级社区矫正机构决定,可以给予其相应奖励或者处罚,作出书面决定。对于涉嫌违反治安管理行为的社区矫正对象,执行地县级社区矫正机构可以向同级公安机关提出建议。社区矫正机构奖励或者处罚的书面决定应当抄送人民检察院。

社区矫正对象的考核结果与奖惩应当书面通知其本人,定期公示,记入档案,做到准确及时、公开公平。社区矫正对象对考核奖惩提出异议的,执行地县级社区矫正机构应当及时处理,并将处理结果告知社区矫正对象。社区矫正对象对处理结果仍有异议的,可以向人民检察院提出。

第三十三条 社区矫正对象认罪悔罪、遵守法律法规、服从监督管理、接受教育表现突出的,应当给予表扬。

社区矫正对象接受社区矫正六个月以上并且同时符合下列条件的,执行地县级社区矫正机构可以给予表扬:

(一)服从人民法院判决,认罪悔罪;

(二)遵守法律法规;

(三)遵守关于报告、会客、外出、迁居等规定,服从社区矫正机构的管理;

(四)积极参加教育学习等活动,接受教育矫正的。

社区矫正对象接受社区矫正期间,有见义勇为、抢险救灾等突出表现,或者帮助他人、服务社会等突出事迹的,执行地县级社区矫正机构可以给予表扬。对于符合法定减刑条件的,由执行地县级社区矫正机构依照本办法第四十二条的规定,提出减刑建议。

第三十四条 社区矫正对象具有下列情形之一的,执行地县级社区矫正机构应当给予训诫:

(一)不按规定时间报到或者接受社区矫正期间脱离监管,未超过十日的；

(二)违反关于报告、会客、外出、迁居等规定，情节轻微的；

(三)不按规定参加教育学习等活动，经教育仍不改正的；

(四)其他违反监督管理规定，情节轻微的。

第三十五条 社区矫正对象具有下列情形之一的，执行地县级社区矫正机构应当给予警告：

(一)违反人民法院禁止令，情节轻微的；

(二)不按规定时间报到或者接受社区矫正期间脱离监管，超过十日的；

(三)违反关于报告、会客、外出、迁居等规定，情节较重的；

(四)保外就医的社区矫正对象无正当理由不按时提交病情复查情况，经教育仍不改正的；

(五)受到社区矫正机构两次训诫，仍不改正的；

(六)其他违反监督管理规定，情节较重的。

第三十六条 社区矫正对象违反监督管理规定或者人民法院禁止令，依法应予治安管理处罚的，执行地县级社区矫正机构应当及时提请同级公安机关依法给予处罚，并向执行地同级人民检察院抄送治安管理处罚建议书副本，及时通知处理结果。

第三十七条 电子定位装置是指运用卫星等定位技术，能对社区矫正对象进行定位等监管，并具有防拆、防爆、防水等性能的专门的电子设备，如电子定位腕带等，但不包括手机等设备。

对社区矫正对象采取电子定位装置进行监督管理的，应当告知社区矫正对象监管的期限、要求以及违反监管规定的后果。

第三十八条 发现社区矫正对象失去联系的，社区矫正机构应当立即组织查找，可以采取通信联络、信息化核查、实地查访等方式查找，查找时要做好记录，固定证据。查找不到的，社区矫正机构应当及时通知公安机关，公安机关应当协助查找。社区矫正机构应当及时将组织查找的情况通报人民检察院。

查找到社区矫正对象后，社区矫正机构应当根据其脱离监管的情形，给予相应处置。虽能查找到社区矫正对象下落但其拒绝接受监督管理的，社区矫正机构应当视情节依法提请公安机关予以治安管理处罚，或者依法提请撤销缓刑、撤销假释、对暂予监外执行的收监执行。

第三十九条 社区矫正机构根据执行禁止令的需要，可以协调有关的部门、单位、场所、个人协助配合执行禁止令。

对禁止令确定需经批准才能进入的特定区域或者场所，社区矫正对象确需进入的，应当经执行地县级社区矫正机构批准，并通知原审人民法院和执行地县级人民检察院。

第四十条 发现社区矫正对象有违反监督管理规定或者人民法院禁止令等违法情形的，执行地县级社区矫正机构应当调查核实情况，收集有关证据材料，提出处理意见。

社区矫正机构发现社区矫正对象有撤销缓刑、撤销假释或者暂予监外执行收监执行的法定情形的，应当组织开展调查取证工作，依法向社区矫正决定机关提出撤销缓刑、撤销假释或者暂予监外执行收监执行建议，并将建议书抄送同级人民检察院。

第四十一条 社区矫正对象被依法决定行政拘留、司法拘留、强制隔离戒毒等或者因涉嫌犯新罪、发现判决宣告前还有其他罪没有判决被采取强制措施的，决定机关应当自作出决定之日起三日内将有关情况通知执行地县级社区矫正机构和执行地县级人民检察院。

第四十二条 社区矫正对象符合法定减刑条件的，由执行地县级社区矫正机构提出减刑建议书并附相关证据材料，报经地（市）社区矫正机构审核同意后，由地（市）社区矫正机构提请执行地的中级人民法院裁定。

依法应由高级人民法院裁定的减刑案件，由执行地县级社区矫正机构提出减刑建议书并附相关证据材料，逐级上报省级社区矫正机构审核同意后，由省级社区矫正机构提请执行地的高级人民法院裁定。

人民法院应当自收到减刑建议书和相关证据材料之日起三十日

内依法裁定。

社区矫正机构减刑建议书和人民法院减刑裁定书副本，应当同时抄送社区矫正执行地同级人民检察院、公安机关及罪犯原服刑或者接收其档案的监狱。

第四十三条 社区矫正机构、受委托的司法所应当充分利用地方人民政府及其有关部门提供的教育帮扶场所和有关条件，按照因人施教的原则，有针对性地对社区矫正对象开展教育矫正活动。

社区矫正机构、司法所应当根据社区矫正对象的矫正阶段、犯罪类型、现实表现等实际情况，对其实施分类教育；应当结合社区矫正对象的个体特征、日常表现等具体情况，进行个别教育。

社区矫正机构、司法所根据需要可以采用集中教育、网上培训、实地参观等多种形式开展集体教育；组织社区矫正对象参加法治、道德等方面的教育活动；根据社区矫正对象的心理健康状况，对其开展心理健康教育、实施心理辅导。

社区矫正机构、司法所可以通过公开择优购买服务或者委托社会组织执行项目等方式，对社区矫正对象开展教育活动。

第四十四条 执行地县级社区矫正机构、受委托的司法所按照符合社会公共利益的原则，可以根据社区矫正对象的劳动能力、健康状况等情况，组织社区矫正对象参加公益活动。

第四十五条 执行地县级社区矫正机构、受委托的司法所依法协调有关部门和单位，根据职责分工，对遇到暂时生活困难的社区矫正对象提供临时救助；对就业困难的社区矫正对象提供职业技能培训和就业指导；帮助符合条件的社区矫正对象落实社会保障措施；协助在就学、法律援助等方面遇到困难的社区矫正对象解决问题。

第四十六条 社区矫正对象在缓刑考验期内，有下列情形之一的，由执行地同级社区矫正机构提出撤销缓刑建议：

（一）违反禁止令，情节严重的；

（二）无正当理由不按规定时间报到或者接受社区矫正期间脱离监管，超过一个月的；

（三）因违反监督管理规定受到治安管理处罚，仍不改正的；

（四）受到社区矫正机构两次警告，仍不改正的；

（五）其他违反有关法律、行政法规和监督管理规定，情节严重的情形。

社区矫正机构一般向原审人民法院提出撤销缓刑建议。如果原审人民法院与执行地同级社区矫正机构不在同一省、自治区、直辖市的，可以向执行地人民法院提出建议，执行地人民法院作出裁定的，裁定书同时抄送原审人民法院。

社区矫正机构撤销缓刑建议书和人民法院的裁定书副本同时抄送社区矫正执行地同级人民检察院。

第四十七条 社区矫正对象在假释考验期内，有下列情形之一的，由执行地同级社区矫正机构提出撤销假释建议：

（一）无正当理由不按规定时间报到或者接受社区矫正期间脱离监管，超过一个月的；

（二）受到社区矫正机构两次警告，仍不改正的；

（三）其他违反有关法律、行政法规和监督管理规定，尚未构成新的犯罪的。

社区矫正机构一般向原审人民法院提出撤销假释建议。如果原审人民法院与执行地同级社区矫正机构不在同一省、自治区、直辖市的，可以向执行地人民法院提出建议，执行地人民法院作出裁定的，裁定书同时抄送原审人民法院。

社区矫正机构撤销假释的建议书和人民法院的裁定书副本同时抄送社区矫正执行地同级人民检察院、公安机关、罪犯原服刑或者接收其档案的监狱。

第四十八条 被提请撤销缓刑、撤销假释的社区矫正对象具备下列情形之一的，社区矫正机构在提出撤销缓刑、撤销假释建议书的同时，提请人民法院决定对其予以逮捕：

（一）可能逃跑的；

（二）具有危害国家安全、公共安全、社会秩序或者他人人身安全现实危险的；

（三）可能对被害人、举报人、控告人或者社区矫正机构工作人员等实施报复行为的；

（四）可能实施新的犯罪的。

社区矫正机构提请人民法院决定逮捕社区矫正对象时，应当提供相应证据，移送人民法院审查决定。

社区矫正机构提请逮捕、人民法院作出是否逮捕决定的法律文书，应当同时抄送执行地县级人民检察院。

第四十九条 暂予监外执行的社区矫正对象有下列情形之一的，由执行地县级社区矫正机构提出收监执行建议：

（一）不符合暂予监外执行条件的；

（二）未经社区矫正机构批准擅自离开居住的市、县，经警告拒不改正，或者拒不报告行踪，脱离监管的；

（三）因违反监督管理规定受到治安管理处罚，仍不改正的；

（四）受到社区矫正机构两次警告的；

（五）保外就医期间不按规定提交病情复查情况，经警告拒不改正的；

（六）暂予监外执行的情形消失后，刑期未满的；

（七）保证人丧失保证条件或者因不履行义务被取消保证人资格，不能在规定期限内提出新的保证人的；

（八）其他违反有关法律、行政法规和监督管理规定，情节严重的情形。

社区矫正机构一般向执行地社区矫正决定机关提出收监执行建议。如果原社区矫正决定机关与执行地县级社区矫正机构在同一省、自治区、直辖市的，可以向原社区矫正决定机关提出建议。

社区矫正机构的收监执行建议书和决定机关的决定书，应当同时抄送执行地县级人民检察院。

第五十条 人民法院裁定撤销缓刑、撤销假释或者决定暂予监外执行收监执行的，由执行地县级公安机关本着就近、便利、安全的原则，送交社区矫正对象执行地所属的省、自治区、直辖市管辖范围内的看守所或者监狱执行刑罚。

公安机关决定暂予监外执行收监执行的，由执行地县级公安机关送交存放或者接收罪犯档案的看守所收监执行。

监狱管理机关决定暂予监外执行收监执行的，由存放或者接收罪犯档案的监狱收监执行。

第五十一条 撤销缓刑、撤销假释的裁定和收监执行的决定生效后，社区矫正对象下落不明的，应当认定为在逃。

被裁定撤销缓刑、撤销假释和被决定收监执行的社区矫正对象在逃的，由执行地县级公安机关负责追捕。撤销缓刑、撤销假释裁定书和对暂予监外执行罪犯收监执行决定书，可以作为公安机关追逃依据。

第五十二条 社区矫正机构应当建立突发事件处置机制，发现社区矫正对象非正常死亡、涉嫌实施犯罪、参与群体性事件的，应当立即与公安机关等有关部门协调联动、妥善处置，并将有关情况及时报告上一级社区矫正机构，同时通报执行地人民检察院。

第五十三条 社区矫正对象矫正期限届满，且在社区矫正期间没有应当撤销缓刑、撤销假释或者暂予监外执行收监执行情形的，社区矫正机构依法办理解除矫正手续。

社区矫正对象一般应当在社区矫正期满三十日前，作出个人总结，执行地县级社区矫正机构应当根据其在接受社区矫正期间的表现等情况作出书面鉴定，与安置帮教工作部门做好衔接工作。

执行地县级社区矫正机构应当向社区矫正对象发放解除社区矫正证明书，并书面通知社区矫正决定机关，同时抄送执行地县级人民检察院和公安机关。

公安机关、监狱管理机关决定暂予监外执行的社区矫正对象刑期届满的，由看守所、监狱依法为其办理刑满释放手续。

社区矫正对象被赦免的，社区矫正机构应当向社区矫正对象发放解除社区矫正证明书，依法办理解除矫正手续。

第五十四条 社区矫正对象矫正期满，执行地县级社区矫正机构或者受委托的司法所可以组织解除矫正宣告。

解矫宣告包括以下内容：

（一）宣读对社区矫正对象的鉴定意见；

（二）宣布社区矫正期限届满，依法解除社区矫正；

（三）对判处管制的，宣布执行期满，解除管制；对宣告缓刑的，宣布缓刑考验期满，原判刑罚不再执行；对裁定假释的，宣布考验期满，原判刑罚执行完毕。

宣告由社区矫正机构或者司法所工作人员主持，矫正小组成员及其他相关人员到场，按照规定程序进行。

第五十五条 社区矫正机构、受委托的司法所应当根据未成年社区矫正对象的年龄、心理特点、发育需要、成长经历、犯罪原因、家庭监护教育条件等情况，制定适应未成年人特点的矫正方案，采取有益于其身心健康发展、融入正常社会生活的矫正措施。

社区矫正机构、司法所对未成年社区矫正对象的相关信息应当保密。对未成年社区矫正对象的考核奖惩和宣告不公开进行。对未成年社区矫正对象进行宣告或者处罚时，应通知其监护人到场。

社区矫正机构、司法所应当选任熟悉未成年人身心特点，具有法律、教育、心理等专业知识的人员负责未成年人社区矫正工作，并通过加强培训、管理，提高专业化水平。

第五十六条 社区矫正工作人员的人身安全和职业尊严受法律保护。

对任何干涉社区矫正工作人员执法的行为，社区矫正工作人员有权拒绝，并按照规定如实记录和报告。对于侵犯社区矫正工作人员权利的行为，社区矫正工作人员有权提出控告。

社区矫正工作人员因依法履行职责遭受不实举报、诬告陷害、侮辱诽谤，致使名誉受到损害的，有关部门或者个人应当及时澄清事实，消除不良影响，并依法追究相关单位或者个人的责任。

对社区矫正工作人员追究法律责任，应当根据其行为的危害程度、造成的后果以及责任大小予以确定,实事求是,过罚相当。社区矫正工作人员依法履职的,不能仅因社区矫正对象再犯罪而追究其法律责任。

第五十七条　有关单位对人民检察院的书面纠正意见在规定的期限内没有回复纠正情况的,人民检察院应当督促回复。经督促被监督单位仍不回复或者没有正当理由不纠正的,人民检察院应当向上一级人民检察院报告。

有关单位对人民检察院的检察建议在规定的期限内经督促无正当理由不予整改或者整改不到位的,检察机关可以将相关情况报告上级人民检察院,通报被建议单位的上级机关、行政主管部门或者行业自律组织等,必要时可以报告同级党委、人大,通报同级政府、纪检监察机关。

第五十八条　本办法所称“以上”“内”,包括本数;“以下”“超过”,不包括本数。

第五十九条　本办法自2020年7月1日起施行。最高人民法院、最高人民检察院、公安部、司法部2012年1月10日印发的《社区矫正实施办法》(司发通〔2012〕12号)同时废止。

（二）执法监督工作类

司法部印发《关于推动严格规范公正文明执法为疫情防控工作提供有力法治保障的意见》的通知

（2020年2月24日　司明电〔2020〕5号）

各省、自治区、直辖市司法厅（局），新疆生产建设兵团司法局：

为深入贯彻落实2月5日中央全面依法治国委员会第三次会议审议通过的《中央全面依法治国委员会关于依法防控新型冠状病毒感染肺炎疫情　切实保障人民群众生命健康安全的意见》，司法部制定了《关于推动严格规范公正文明执法　为疫情防控工作提供有力法治保障的工作意见》。现予以印发，请结合实际认真贯彻执行。

关于推动严格规范公正文明执法为疫情防控工作提供有力法治保障的意见

为深入贯彻落实习近平总书记关于新冠肺炎疫情防控工作重要讲话和重要指示批示精神，贯彻落实党中央、国务院关于疫情防控工作决策部署，充分发挥行政执法协调监督职能，大力推动严格规范公正文明执法，维护经济社会发展秩序，保护人民群众的生命安全和身体健康，保障疫情防控工作顺利开展，制定本意见。

一、提高政治站位。各级司法行政机关要认真学习贯彻习近平总书记关于新冠肺炎疫情防控工作重要讲话和重要指示批示精神，把思想和行动统一到习近平总书记重要讲话和重要指示批示精神，统一到党中央、国务院关于疫情防控工作决策部署上来，切实增强“四个意识”、坚定“四个自信”、做到“两个维护”，把疫情防控工作作为当前工作的重中之重，抓紧抓实，用足用好法律法规规定，坚持执法为民，坚持严格规范公正文明执法，加强行政执法监督，为坚决打赢疫情防控阻击战提供有力法治保障。

二、坚持严格执法。组织推动各级行政执法机关依法惩处各类抗拒疫情防控措施、暴力伤医、野生动物非法交易、扰乱市场秩序和社会秩序等违法行为，做到有法必依、执法必严、违法必究。坚持重典治乱，对阻碍和破坏强制隔离、封闭场所、交通检疫等法定防控措施实施，殴打伤害医务人员、扰乱医疗救治秩序，已感染新型冠状病毒肺炎人员故意传播病毒，利用疫情囤积居奇、哄抬物价、牟取暴利、欺骗消费者，非法捕杀、收购、运输、出售野生动物及其制品，生产、销售假冒伪劣疫情防控药品、伪劣口罩、手套、消毒水等防治、防护产品和物资，造谣传谣制造混乱，假借疫情非法募捐、非法挪用、截留或者侵占捐赠款物，擅自改变捐赠物资用途等违法行为，要根据疫情防控特殊需要，加大行政执法力度，严厉打击，该严的要严、该重的要重、该快的要快，涉嫌构成犯罪的，要及时移送司法机关处理，切实维护正常经济社会秩序，为疫情防控工作提供强有力法治支撑。

三、坚持规范执法。全面提高依法防控、依法治理能力，推动各级行政执法机关严格依照法定权限和程序执法，对疫情防控中出现的各类矛盾和问题，依法应对、妥善处理，确保各项疫情防控工作在法治轨道上统筹推进、顺利开展。要强化执法指引，指导各相关部门认真梳理疫情防控工作涉及的行政执法法律法规及为应对疫情制定的各种制度措施，为行政执法机关严格执法提供准确的执法依据、标准、程序，做到依法履职、执法有据。坚守法治底线，在采取强制隔离、封闭场所、交通检疫等防控措施和应急处理措施时,要严格依照传染病防治法及其实施办法、突发事件应对法、野生动物保护法、动物防疫法、突发公共卫生事件应急条例等法律法规,以及地方和部门针对疫情防控工作需要制定的地方性法规、规章、行政规范性文件的有关规定要求,依法审慎作出决策。疫情防控措施要与疫情可能造成的社会危害的性质、程度和范围相适应,避免过度执法,尽量最小程度地减损公民、法人和其他组织的权益。未经批准,不得擅自采取设卡、断路、阻断交通等行为,不得"一刀切",采取一律封闭管理、强制劝返等极端措施。要依法有序推动企业复工复产,对符合复工复产要求的,不得限制和影响企业正常生产经营。在行政征用时,要遵循依法、必需、合理的原则,履行法定审批程序,并依法及时给予被征用人相应补偿;征用相关场地、设备、物资的,要登记造册、尽到保护义务,使用完毕后及时返还。要严格执法程序,认真落实行政执法公示制度、全过程记录制度、重大执法决定法制审核制度,确保执法行为于法有据、有据可查,行政执法决定合法有效。

四、坚持公正执法。把公正执法理念贯穿行政执法全过程,做到执法规范、裁量公正、处罚公平,让人民群众在具体执法案件中感受到公平正义。坚持法治统一,严格按照法律法规规章规定的行政处罚种类、幅度进行裁量,杜绝执法随意、执法不公。坚持过罚相当,综合考虑违法行为的性质、情节、社会危害程度以及执法相对人的悔过态度等情形,依法给予相应处罚,防止和避免同事不同罚、处罚畸重畸轻、显失公平公正、过度执法等情形,不得在行政执法中对外地企业和公民区别对待。坚持教育与惩戒相结合的原则,在疫情防控时期,对违法情节显著轻微及社会危害程度不大的违法行为,可以考虑先不予处罚或者暂缓执行处罚,以教育劝导为主。

五、坚持文明执法。推动、监督各级行政执法机关积极践行执法为民理念,尊重行政相对人的基本权利和合法权益,确保行政执法法律效果和社会效果的统一。进一步改进办案方式方法,注重语言规范、行为规范,杜绝粗暴执法、生硬执法,避免激化矛盾,引发对立冲突。严禁以执法名义打击报复行政相对人,严禁乱收费、乱罚款、乱摊派。要善于释法说理,做到以法为据、以理服人、以情感人,减少执法阻力,赢得群众对执法工作的理解和支持。要充分考虑疫情防控时期的公众情绪,避免引发社会舆情。要服务大局,从有利于疫情防控和经济社会发展的角度出发开展行政执法活动,决不能就办案而办案、机械办案,严重影响和破坏疫情防控工作秩序和经济社会发展大局。

六、创新执法方式。推动行政执法机关牢固树立服务意识,根据疫情防控工作和有序推进复工复产需要,创新工作方法,及时调整面向单位和个人的政务服务方式,做到网上办、不见面、保安全、能办事,确保工作高效与合法相统一。具备网上在线申办条件的,要坚持网上在线办公,通过政府官网、微信公众号、掌上政务办事客户端等方式公布防控期间的办理指南和各业务窗口咨询联系方式,引导企业和群众采取网上申报的方式办理,尽量不去政务服务中心现场。对行政许可涉及的申报、受理、送达等行为,鼓励优先采用网上申报、网上审批、证照快递送达等“不现场接触”的方式办理。加快推动行政执法信息化建设,从执法程序的启动到执法决定的送达,凡是能通过电子方式办理的,一律通过电子方式办理;如有紧急特殊事项,确需现场办理的,可以拨打相关电话或通过网站进行预约,并在指定时间和指定场所办理,即办即走,最大限度减少滞留时间,尽量做到“不接触”。要简化工作流程,对与疫情防控和有序推进复工复产工作有关的紧急事项,要按照法定程序急事急办;对因疫情防控,行政许可事项不能在法定期限作出的,可以依法延长办理期限。对行政许可到期重新申请的,在审核符合有关条件的基础上,可以先自动延期,疫情结束后,再补办相关手续。无法直接提交有关样品和报告的,可以先就有关事项提交承诺书,疫情结束后,补交相关样品和报告。事后发现提交虚假材料的,将撤销相关许可。行政决定不能在法定期限作出或者送达的,可以依法延期作出决定或者送达。对在疫情防控期间发现的可进一步取消的行政事项或者优化的行政程序，可以提出相关意见建议。对要求企业、群众开具有关证明事项的，也要参照上述原则办理。

七、加强执法协调。建立健全行政执法协作机制，组织推动各相关行政执法机关认真履职、相互配合、密切协作，形成工作合力，防止执法不力、相互推诿，贻误疫情防治工作顺利开展。疫情防控期间，县级以上地方人民政府及其部门对本行政区域内疫情防控的有关执法工作负责；涉及两个以上行政区域执法的，由有关行政区域共同的上一级人民政府负责，或者由各有关行政区域的上一级人民政府共同负责。要整合基层执法力量，必要时可以跨地区、跨部门、跨层级统筹使用，各执法部门要服从统一指挥，做好联动响应、信息共享、协同监管工作，做到违法线索互告、执法监管协同、执法结果互通。组织推动公安、卫生健康、农业、市场监管、林业草原、交通运输等部门加强联合执法，提高执法效率，避免重复执法。进一步完善将行政执法中查办的涉嫌犯罪案件移送司法机关处理的工作机制，对涉嫌犯罪的，要及时按照《行政执法机关移送涉嫌犯罪案件的规定》等规定，移送公安机关立案查处，坚决防止以罚代刑、有罪不究、降格处理等现象发生。

八、强化执法监督。各级司法行政机关要认真履行本级政府赋予的行政执法监督职责，建立完善行政执法争议的协调和违法执法行为联合处理机制，增强行政执法监督效能。要加强对本地疫情防控相关执法工作的监督指导，督促指导行政执法机关依法做好各项疫情防控工作，及时协调研究解决执法中产生的法律争议和问题。高度重视社会舆情，健全投诉举报处理机制，充分运用现有行政执法监督平台，对群众和企业反映强烈的不作为、乱作为、简单粗暴以及过度执法等问题，接到举报后，要及时转送有关执法机关进行处理，做到行政执法活动可投诉、可追溯、可监督。各行政执法单位均应对外公布行政执法监督渠道和联系方式，并安排专人负责，对涉及重大疫情防控有关行政执法活动的投诉举报要及时复核、及时回复。要强化对基层群众自治组织、企事业单位等非行政执法机关及其疫情防控人员的指导、培训和监督,防止其实施过度疫情防控措施。执法监督中发现相关案件在事实认定、法律适用、处罚裁量等方面存在错误或者明显不当的,要及时提出监督意见,督促有关行政执法机关及时予以纠正,探索建立行政执法案例指导制度。

九、严格执法责任。要推动各级行政执法机关严格落实执法责任制,确保党中央、国务院以及各地方各部门制定的疫情防控措施落地见效。要严格界定执法权限,明确相应责任,推动建立健全"执法有依据、行为有规范、权力有制约、过程有监督、违法有追究"的行政执法责任制度体系。建立健全责任倒查机制和追究机制,对疫情防控执法过程中产生的执法不力、执法不公甚至是执法腐败等问题,该追责的严格依法追责。对作风漂浮、落实不力、隐瞒真相、弄虚作假,甚至干扰、妨碍、抗拒有关疫情防治工作的失职渎职人员,要依法从严追究责任。需要追究党纪政纪责任的,要依法移送纪检监察机关处理。涉嫌犯罪的,要依法移送司法机关处理。

十、提升执法保障。严格按照行政执法工作有关要求,协调有关部门服务保障疫情防控执法一线工作需要,配足配齐行政执法设备和防护装备,加强口罩、测温仪、消毒用品等物资筹措和调配,以及就餐、值夜、交通等联防联控的后勤保障,确保行政执法活动正常规范有序开展。要合理调度执法一线疫情防控力量,加强对执法人员的健康检查、业务指导、上岗培训和安全保护,坚决防止带病上岗。要保障行政执法人员人身安全,对妨碍公务、抗拒执法等违法犯罪行为要依法打击,切实维护执法权威。要关心爱护执法人员,对执法人员的合法权益要给予充分的保障,对在疫情防控工作中表现突出的,要给予表彰奖励。

各级司法行政机关要充分发挥在本地疫情防控法治工作中的组织推动、执法协调监督和参谋助手作用,对疫情防治工作中出现的行政执法共性法律问题加强研究,对涉及疫情防控的重大行政决策和重大行政执法决定等事务做好合法性审查,确保出台的有关决策措施合法有效。

（三）公共法律服务工作类

司法部办公厅关于在疫情防控工作中充分发挥公共法律服务职能作用的通知

（2020 年 2 月 7 日　司办通〔2020〕7 号）

各省、自治区、直辖市司法厅(局)，新疆生产建设兵团司法局：

为认真贯彻落实习近平总书记关于新型冠状病毒感染肺炎疫情防控工作的一系列重要指示精神，深入贯彻落实党中央、国务院各项部署要求，充分发挥公共法律服务职能作用，做好疫情应对和防控工作，为坚决打赢疫情防控阻击战作出积极贡献，现将有关要求通知如下。

一、进一步提高政治站位。面对疫情加快蔓延的严重形势，各级司法行政机关要切实提高政治站位，坚持政治引领、党建先行，增强“四个意识”、坚定“四个自信”、做到“两个维护”。要把人民群众生命安全和身体健康放在第一位，把疫情防控工作作为当前重大政治任务、最重要的工作来抓，把党的政治优势、组织优势、密切联系群众优势转化为疫情防控的强大政治优势，以最严措施、最严作风、最严纪律做好疫情防控各项工作。要坚持积极作为、努力作为的工作导向，最大限度发挥公共法律服务职能作用，紧紧围绕疫情防控和维护社会稳定工作任务和要求，充分利用平台阵地优势，积极主动提供全业务、全时空的法律服务。要坚持实事求是、分类施策的工作方法，针对不同地区、不同人群、不同疫情防控阶段，有针对性地提供法治宣传教育、法律咨询、律师、基层法律服务、法律顾问、法律援助、公证、司法鉴定、仲裁、人民调解等法律服务，并及时调整服务内容和形式。各级司法行政机关领导干部要靠前指挥,各级各类法律服务协会组织要积极作为,基层党组织和党员干部要发挥战斗堡垒和先锋模范作用,切实做到守土有责、守土尽责,做到哪里任务险重哪里就有党组织坚强有力的工作、哪里就有党员做先锋做表率,让党旗在防控疫情斗争第一线高高飘扬。

二、加强疫情防控法律服务。各地司法行政机关要根据本地疫情防控工作需要,建立疫情防控法律服务专业团队、业务骨干先锋队,向疫情严重地区随时随地提供公益法律服务。各级各类法律服务机构(平台)要开辟疫情防控法律服务绿色通道,对党委、政府及相关部门提出的相关法律服务需求,急事急办、特事特办,组织高素质法律服务人员提供优质、高效法律服务。对困难群众提供有效法律援助,发挥公证监督证明、证据保全的职能优势,积极参与打击囤积居奇、哄抬物价等违法犯罪行为。对疫情防控工作一线的军人、医务人员、人民警察、志愿者等提出的法律服务需求,要优先受理、优先办理,并减免相关费用。

三、加强涉疫情矛盾纠纷排查化解。组织动员基层人民调解组织、人民调解员,根据所在村(居)委员会工作安排,采取适当方式开展矛盾纠纷排查,对隔离区、定点医疗机构周边地区、误工返乡人员集中居住区等重点区域要定期排查,及时发现各类矛盾纠纷。发现有群体上访等苗头的,要立即上报当地人民政府和上级司法行政机关。坚持和发展新时代"枫桥经验",坚持抓早、抓小、抓苗头,及时调处,把纠纷化解在初发阶段,消灭在萌芽状态。人民调解组织要在当地党委政府领导下,积极参与涉疫情的重大纠纷、群体性上访事件的调处工作,果断采取教育、疏导、劝阻等措施,防止扩大、升级。湖北省及其他重点地区可以结合实际需要,组织建立涉疫情专业人民调解组织,提供专业化调解服务。

四、加强疫情法律咨询服务。要配齐、配强、调整、优化法律咨询服务人员,开展疫情防控专题培训,提高涉疫情法律咨询服务能力水平。对受到疫情影响的旅游、餐饮、劳动、房屋租赁等法律咨询需求,要依据国家和当地最新规定给予解答,加强正面引导,促进理性维权。对隔离封闭、职业暴露、医患矛盾、防护用品质量等敏感法律咨询问题,要认真研究提出专业咨询意见,有效解答群众关切,疏解群众心理。积极推荐优秀律师担任各级党委政府疫情防控工作领导小组法律顾问,充分发挥公职律师、政府法律顾问作用,认真分析研判疫情防控工作法律风险,主动为疫情防控决策提供法律论证,及时提出法律意见建议。充分发挥公司律师、企业法律顾问作用,对生产、经营与疫情防控有关的食品、医疗、建筑用品的企业,主动提出法律意见,促进依法经营。湖北省、北京市及其他重点地区要实现12348公共法律服务热线7×24小时服务,村(居)法律顾问要通过电话、微信群等途径要保持联络畅通、及时反馈。

五、加强疫情防控普法宣传。要开展疫情防控专项法治宣传活动,大力宣传传染病防治法、野生动物保护法、动物防疫法、突发公共卫生事件应急条例等法律法规以及刑法、治安处罚法等有关内容,引导广大人民群众增强法治意识,认识到自觉防治是严肃的法律义务,依法支持和配合疫情防控工作。大力宣传价格法、食品卫生法等法律的规定,严防制售假冒伪劣产品、销售不卫生食品、哄抬物价等违法犯罪行为,维护正常的市场经济秩序。要在中国法律服务网和各地法律服务网开设专栏、飘窗,及时提供疫情防控法律资讯信息。要针对企业延迟复工、被隔离人员劳动关系和社会保障等社会公众高度关注的问题,及时组织撰写专家解读文章,及时回应社会关切。全国普法办近日汇总整理形成了《新型冠状病毒感染肺炎疫情当前防控工作有关法律知识问答》,各地要通过多种形式进行宣传。

六、加强涉疫情法律服务数据分析研判。要充分发挥公共法律服务数据反映社情民意的"晴雨表"作用,通过公共法律服务信息渠道及时收集、统计疫情相关法律信息,提高风险意识和识别能力,及时分析研判,对矛盾纠纷新苗头、新动向及时预测预警,加大舆情掌控力度,有效评估社会矛盾风险,提前防控化解重大矛盾风险。在防控工作一线发现事关全局的矛盾纠纷新苗头、新动向,要立即向司法部指挥中心报送相关信息、数据，同时报当地党委、政府或相关职能部门。

七、加强法律服务场所和人员自身防护。充分发挥公共法律服务网络平台、热线平台优势，深化三大平台融合发展，倡导“零见面”方式提供服务。各类法律服机构要根据属地管理原则，制定疫情防控期间公共法律服务指引，明确服务时间、方式，向社会公告。要落实接待场所安全防控管理，严格落实消毒、通风等措施。推行服务预约制，未经预约可不予接待，服务对象进入服务大厅或窗口需经体温检测符合要求，服务过程中要保持安全距离，坚决防止疫情传播。法律援助机构要根据疫情防控需要适当调整服务方式，鼓励值班律师采用远程视频、电话方式向被羁押的犯罪嫌疑人和被告人提供法律帮助。湖北省及其他重点地区法律服务场所主要通过网络、电话等方式提供服务，对无法避免面对面服务的，要严格落实各项防护措施。

各地司法行政机关要与当地卫生防疫主管部门建立联动机制，发现疑似情况及时按规定报告，主动了解掌握本地疫情防控信息，深入分析公共法律服务薄弱环节，健全完善工作措施，做到既保障法律服务供给，又保持自身防控措施到位，坚决遏制疫情扩散，坚决维护社会和谐稳定。要深入宣传公共法律服务在疫情防控中的重要作用，及时报道公共法律服务参与防控疫情工作情况、司法行政机关与公共法律服务机构的实际行动，生动讲述公共法律服务人员先进事迹和感人故事，全力营造万众一心、众志成城的舆论氛围，积极树立公共法律服务各行业良好社会形象。同时，要加强对公共法律服务机构、平台、窗口疫情防控措施和责任落实情况的督查检查，对失职渎职、工作不到位、责任落实不到位的，要严肃追责问责并予以通报。

各地贯彻落实情况，请及时报部公共法律服务局。

司法部办公厅关于印发《疫情防控和企业复工复产公共法律服务工作指引》的通知

（2020 年 3 月 1 日　司办通〔2020〕17 号）

各省、自治区、直辖市司法厅(局)，新疆生产建设兵团司法局：

为深入贯彻落实习近平总书记在统筹推进新冠肺炎疫情防控和经济社会发展工作部署会议上的重要讲话精神，充分发挥法律援助、公证、司法鉴定、仲裁以及公共法律服务平台职能作用，更好服务依法防控疫情，助力企业复工复产，最大限度保障人民群众的人身财产安全和合法权益，促进经济社会发展，司法部制定了《疫情防控和企业复工复产公共法律服务工作指引》，现将《指引》印发给你们，请结合实际认真贯彻落实。

疫情防控和企业复工复产公共法律服务工作指引

为统筹推进新冠肺炎疫情防控和经济社会发展，根据法律援助、公证、司法鉴定、仲裁和公共法律服务平台工作职责，结合现阶段分区分级疫情防控策略和保障企业复工复产工作要求，制定本指引。

一、努力满足分区分级阶段的公共法律服务需求

1. 准确把握现阶段社会公共法律服务特点。根据湖北省、北京市和其他地区低风险、中风险、高风险的疫情分区分级防控策略，针对党政机关、企事业单位、人民群众在疫情防控、复工复产、社会稳定、脱贫攻坚、农业生产、基本民生等方面的法律服务需求，及时总结分析、精准研判，有效调配、布局法律服务资源，努力满足各类法律服务需求。

2. 着力加强法律服务针对性有效性。统筹、整合本地法律服务资源，针对不同主体、不同阶段、不同性质、不同类型的法律服务需求，部署、指导、组织法律援助、公证、司法鉴定、仲裁等法律服务机构和公共法律服务网络、热线、实体平台积极主动开展工作，不断拓展服务范围和项目，提供精准、有针对性的服务，提高服务质量和效果。

3. 加强法律服务宣传力度。利用多平台、多渠道、多方式宣传公共法律服务对疫情防控和经济社会发展的重要作用，引导服务需求，树立模范典型，强化正面引导，不断提高公共法律服务知晓率、首选率、满意率。

二、积极提供便捷高效、均等普惠的法律服务

4. 为复工复产提供有效法律服务。针对企业复工复产面临的债务偿还、资金周转、扩大融资等困难，提供有针对性的公证服务。银行及信贷机构决定延长企业还款期限的，及时提供合同延期、协议变更等公证服务。为受疫情影响较大的行业、民营企业、小微企业减免公证费用。根据当地疫情防控统一部署，依法组织具有相关资质的司法鉴定机构为企事业单位提供新冠病毒核酸检测服务。仲裁案件确需线下开庭审理、延期审理不影响企业复工复产的，可依法依规延期审理。仲裁裁决结果可能有利于复工复产的，要快审快结。慎用影响企业复工复产的保全等措施。

5. 有序恢复法律服务机构和实体平台执业。各地司法行政机关要及时跟进当地党委、政府关于分区分级差异化防控策略和精准复工复产的决策部署，对各类法律服务机构、实体平台的自身疫情防控

和恢复执业进行科学评估、统筹安排，有条件的地区要积极稳妥、逐步有序恢复执业。要推进公共法律服务网络、实体、热线平台融合发展，利用公共法律服务平台点多、线长、面广的优势，广泛收集企事业单位复工复产和人民群众法律服务需求，提供普及化、一体化、精准化服务，及时回应、直接办理或有效转办，帮助解决法律问题。加强执业监管，维护行业良好社会形象，严肃处理违法违规执业行为。

6. 开通绿色通道，优先受理、快速办理。各类法律服务机构和实体平台要开通绿色通道，对疫情防控、企事业单位复工复产所需公证、鉴定、仲裁服务需求以及困难职工的法律援助需求，要在不违反相关规定、确保服务质量和公平性的前提下，优先受理、快速办理。推行法律援助预约服务，对复工复产企业的农民工到窗口申请法律援助的，免于经济困难审查，做到当天申请、当天受理、当日指派。

7. 提供全业务全时空法律咨询服务。充分利用公共法律服务网络、实体、热线平台，对社会公众提出的法律服务咨询问题进行权威解答。要更加注重发挥网络平台、热线平台作用，提供 7 ×24 小时不间断咨询服务。

8. 减免防疫一线人员法律服务费用。对疫情防控一线医务人员、军人、公安民警、志愿者等群体提出的法律援助、公证、鉴定、仲裁等法律服务需求，根据实际提供上门服务，减免相关费用。

三、为受援人提供有效的法律援助

9. 适当放宽经济困难审查标准。对于群众因疫情而导致生活困难的，与相关部门研究建立信息共享和衔接协作机制，依法合理审查经济困难标准，明确免于审查经济困难的人员范围。探索法律援助经济困难证明告知承诺制，因疫情无法提供困难证明的申请人可采取书面承诺方式申请法律援助。对于诉讼时效即将届满、需要立即采取保全措施等紧急或者特殊案件，可为受援人先行提供法律援助。

10. 切实保障法律援助服务质量。认真组织办理涉疫情刑事法律援助案件，依法加强质量监督和风险管理。充分利用远程视频、微信等信息化手段，实现值班律师“在场”的法定要求，为犯罪嫌疑人、被告人提供法律帮助。对因疫情延误行使管辖权异议、举证、上诉、申请强制执行等程序权益的,指导当事人通过申请不可抗力事实证明等方式维护自身权益。

11. 深化“法援惠民生”活动。充分利用法律服务网“农民工欠薪求助绿色通道”,做好农民工欠薪线索收集、留言咨询解答、法律援助案件办理等工作。开展“情暖农民工法律援助项目”,将讨薪农民工纳入“中彩金”法律援助重点项目,动员“1+1”行动律师优先服务被欠薪农民工,切实维护农民工合法权益。

四、加大公证服务保障力度

12. 做好疫情期间不可抗力事项的公证证明和证据保全。对疫情期间已经发生的当事人主张其不能预见、不能避免且不能克服的不可抗力事件或事实,公证机构要根据当事人申请,依照法定程序对有关证据材料进行公证证明或证据保全,为受疫情影响的企业和个人在合同履行、责任免除等方面提供法律咨询和公证服务,强化矛盾预防,切实减少法律纠纷。

13. 支持加强湖北等疫情严重地区公证服务能力。指导湖北省司法厅将公证机构执业区域扩大至全省,支持、引导服务能力强、信息技术条件好的公证机构提供远程非接触式服务。指导各地做好公证机构对口帮扶,减轻疫情对公证行业发展的影响。

五、充分发挥司法鉴定优势作用

14. 积极开展涉疫情医疗纠纷等鉴定工作。主动配合司法机关、行政执法部门、人民调解机构等部门,积极开展疫情相关医疗纠纷、伤残等级、保险理赔等涉及到的鉴定工作,为诉讼活动、行政执法和纠纷解决提供证据支持。坚持依法快速审查受理,审慎科学实施鉴定,高效出具专业鉴定意见。

15. 全力支持打击破坏野生动植物资源违法犯罪行为。积极配合司法机关和执法部门,组织有资质的司法鉴定机构开展野生动植物及其制品鉴定,野生动植物物种及其濒危与保护等级鉴定,野生动植物损害类型、范围和程度鉴定等,及时提供高效、专业的司法鉴定服务，助力打击破坏野生动植物资源违法犯罪行为。

六、加强仲裁信息化和仲裁调解工作力度

16. 加快推进互联网仲裁系统建设。加强互联网仲裁线上办案系统、管理系统建设，强化工作推进和协调，动员组织互联网仲裁系统技术研发机构与仲裁机构的对接，协调本区域内仲裁机构间互联网仲裁系统技术的对口支援。

17. 加大仲裁调解工作力度。仲裁机构要加强与人民法院和行政调解、人民调解等纠纷调解组织的协调联动，积极引导、支持当事人尽可能运用调解方式妥善解决纠纷。组织仲裁员、仲裁机构工作人员针对企业在疫情防控期间以及疫情后出现的相关法律问题开展有针对性的调研分析，主动为企业防范和应对法律风险提供专业意见。

(四)法律援助工作类

最高人民法院　最高人民检察院　公安部　国家安全部　司法部关于印发《法律援助值班律师工作办法》的通知

（2020 年 8 月 20 日　司规〔2020〕6 号）

各省、自治区、直辖市高级人民法院、人民检察院、公安厅（局）、国家安全厅（局）、司法厅（局），解放军军事法院、军事检察院，新疆维吾尔自治区高级人民法院生产建设兵团分院、新疆生产建设兵团人民检察院、公安局、国家安全局、司法局：

为正确实施《中华人民共和国刑事诉讼法》关于值班律师的相关规定，完善值班律师工作机制，依法为没有辩护人的犯罪嫌疑人、被告人提供有效的法律帮助，促进公正司法和人权保障，最高人民法院、最高人民检察院、公安部、国家安全部、司法部制定了《法律援助值班律师工作办法》，现予印发，请结合实际贯彻执行。

法律援助值班律师工作办法

第一章　总　　则

第一条　为保障犯罪嫌疑人、被告人依法享有的诉讼权利，加强人权司法保障,进一步规范值班律师工作,根据《中华人民共和国刑事诉讼法》《中华人民共和国律师法》等规定,制定本办法。

第二条 本办法所称值班律师,是指法律援助机构在看守所、人民检察院、人民法院等场所设立法律援助工作站,通过派驻或安排的方式,为没有辩护人的犯罪嫌疑人、被告人提供法律帮助的律师。

第三条 值班律师工作应当坚持依法、公平、公正、效率的原则,值班律师应当提供符合标准的法律服务。

第四条 公安机关(看守所)、人民检察院、人民法院、司法行政机关应当保障没有辩护人的犯罪嫌疑人、被告人获得值班律师法律帮助的权利。

第五条 值班律师工作由司法行政机关牵头组织实施,公安机关(看守所)、人民检察院、人民法院应当依法予以协助。

第二章 值班律师工作职责

第六条 值班律师依法提供以下法律帮助:

(一)提供法律咨询;

(二)提供程序选择建议;

(三)帮助犯罪嫌疑人、被告人申请变更强制措施;

(四)对案件处理提出意见;

(五)帮助犯罪嫌疑人、被告人及其近亲属申请法律援助;

(六)法律法规规定的其他事项。

值班律师在认罪认罚案件中,还应当提供以下法律帮助:

(一)向犯罪嫌疑人、被告人释明认罪认罚的性质和法律规定;

(二)对人民检察院指控罪名、量刑建议、诉讼程序适用等事项提出意见;

(三)犯罪嫌疑人签署认罪认罚具结书时在场。

值班律师办理案件时,可以应犯罪嫌疑人、被告人的约见进行会见,也可以经办案机关允许主动会见;自人民检察院对案件审查起诉之日起可以查阅案卷材料、了解案情。

第七条 值班律师提供法律咨询时，应当告知犯罪嫌疑人、被告人有关法律帮助的相关规定，结合案件所在的诉讼阶段解释相关诉讼权利和程序规定，解答犯罪嫌疑人、被告人咨询的法律问题。

犯罪嫌疑人、被告人认罪认罚的，值班律师应当了解犯罪嫌疑人、被告人对被指控的犯罪事实和罪名是否有异议，告知被指控罪名的法定量刑幅度，释明从宽从重处罚的情节以及认罪认罚的从宽幅度，并结合案件情况提供程序选择建议。

值班律师提供法律咨询的，应当记录犯罪嫌疑人、被告人涉嫌的罪名、咨询的法律问题、提供的法律解答。

第八条 在审查起诉阶段，犯罪嫌疑人认罪认罚的，值班律师可以就以下事项向人民检察院提出意见：

（一）涉嫌的犯罪事实、指控罪名及适用的法律规定；

（二）从轻、减轻或者免除处罚等从宽处罚的建议；

（三）认罪认罚后案件审理适用的程序；

（四）其他需要提出意见的事项。

值班律师对前款事项提出意见的，人民检察院应当记录在案并附卷，未采纳值班律师意见的，应当说明理由。

第九条 犯罪嫌疑人、被告人提出申请羁押必要性审查的，值班律师应当告知其取保候审、监视居住、逮捕等强制措施的适用条件和相关法律规定、人民检察院进行羁押必要性审查的程序；犯罪嫌疑人、被告人已经被逮捕的，值班律师可以帮助其向人民检察院提出羁押必要性审查申请，并协助提供相关材料。

第十条 犯罪嫌疑人签署认罪认罚具结书时，值班律师对犯罪嫌疑人认罪认罚自愿性、人民检察院量刑建议、程序适用等均无异议的，应当在具结书上签名，同时留存一份复印件归档。

值班律师对人民检察院量刑建议、程序适用有异议的，在确认犯罪嫌疑人系自愿认罪认罚后，应当在具结书上签字，同时可以向人民检察院提出法律意见。

犯罪嫌疑人拒绝值班律师帮助的，值班律师无需在具结书上签字，应当将犯罪嫌疑人签字拒绝法律帮助的书面材料留存一份归档。

第十一条 对于被羁押的犯罪嫌疑人、被告人，在不同诉讼阶段，可以由派驻看守所的同一值班律师提供法律帮助。对于未被羁押的犯罪嫌疑人、被告人，前一诉讼阶段的值班律师可以在后续诉讼阶段继续为犯罪嫌疑人、被告人提供法律帮助。

第三章 法律帮助工作程序

第十二条 公安机关、人民检察院、人民法院应当在侦查、审查起诉和审判各阶段分别告知没有辩护人的犯罪嫌疑人、被告人有权约见值班律师获得法律帮助，并为其约见值班律师提供便利。

第十三条 看守所应当告知犯罪嫌疑人、被告人有权约见值班律师，并为其约见值班律师提供便利。

看守所应当将值班律师制度相关内容纳入在押人员权利义务告知书，在犯罪嫌疑人、被告人入所时告知其有权获得值班律师的法律帮助。

犯罪嫌疑人、被告人要求约见值班律师的，可以书面或者口头申请。书面申请的，看守所应当将其填写的法律帮助申请表及时转交值班律师。口头申请的，看守所应当安排代为填写法律帮助申请表。

第十四条 犯罪嫌疑人、被告人没有委托辩护人并且不符合法律援助机构指派律师为其提供辩护的条件，要求约见值班律师的，公安机关、人民检察院、人民法院应当及时通知法律援助机构安排。

第十五条 依法应当通知值班律师提供法律帮助而犯罪嫌疑人、被告人明确拒绝的，公安机关、人民检察院、人民法院应当记录在案。

前一诉讼程序犯罪嫌疑人、被告人明确拒绝值班律师法律帮助的，后一诉讼程序的办案机关仍需告知其有权获得值班律师法律帮助的权利，有关情况应当记录在案。

第十六条 公安机关、人民检察院、人民法院需要法律援助机构通知值班律师为犯罪嫌疑人、被告人提供法律帮助的,应当向法律援助机构出具法律帮助通知书,并附相关法律文书。

单次批量通知的,可以在一份法律帮助通知书后附多名犯罪嫌疑人、被告人相关信息的材料。

除通知值班律师到羁押场所提供法律帮助的情形外,人民检察院、人民法院可以商法律援助机构简化通知方式和通知手续。

第十七条 司法行政机关和法律援助机构应当根据当地律师资源状况、法律帮助需求,会同看守所、人民检察院、人民法院合理安排值班律师的值班方式、值班频次。

值班方式可以采用现场值班、电话值班、网络值班相结合的方式。现场值班的,可以采取固定专人或轮流值班,也可以采取预约值班。

第十八条 法律援助机构应当综合律师政治素质、业务能力、执业年限等确定值班律师人选,建立值班律师名册或值班律师库。并将值班律师库或名册信息、值班律师工作安排,提前告知公安机关(看守所)、人民检察院、人民法院。

第十九条 公安机关、人民检察院、人民法院应当在确定的法律帮助日期前三个工作日,将法律帮助通知书送达法律援助机构,或者直接送达现场值班律师。

该期间没有安排现场值班律师的,法律援助机构应当自收到法律帮助通知书之日起两个工作日内确定值班律师,并通知公安机关、人民检察院、人民法院。

公安机关、人民检察院、人民法院和法律援助机构之间的送达及通知方式,可以协商简化。

适用速裁程序的案件、法律援助机构需要跨地区调配律师等特殊情形的通知和指派时限,不受前款限制。

第二十条 值班律师在人民检察院、人民法院现场值班的,应当按照法律援助机构的安排,或者人民检察院、人民法院送达的通知,及时为犯罪嫌疑人、被告人提供法律帮助。

犯罪嫌疑人、被告人提出法律帮助申请,看守所转交给现场值班律师的,值班律师应当根据看守所的安排及时提供法律帮助。

值班律师通过电话、网络值班的,应当及时提供法律帮助,疑难案件可以另行预约咨询时间。

第二十一条 侦查阶段,值班律师可以向侦查机关了解犯罪嫌疑人涉嫌的罪名及案件有关情况;案件进入审查起诉阶段后,值班律师可以查阅案卷材料,了解案情,人民检察院、人民法院应当及时安排,并提供便利。已经实现卷宗电子化的地方,人民检察院、人民法院可以安排在线阅卷。

第二十二条 值班律师持律师执业证或者律师工作证、法律帮助申请表或者法律帮助通知书到看守所办理法律帮助会见手续,看守所应当及时安排会见。

危害国家安全犯罪、恐怖活动犯罪案件,侦查期间值班律师会见在押犯罪嫌疑人的,应当经侦查机关许可。

第二十三条 值班律师提供法律帮助时,应当出示律师执业证或者律师工作证或者相关法律文书,表明值班律师身份。

第二十四条 值班律师会见犯罪嫌疑人、被告人时不被监听。

第二十五条 值班律师在提供法律帮助过程中,犯罪嫌疑人、被告人向值班律师表示愿意认罪认罚的,值班律师应当及时告知相关的公安机关、人民检察院、人民法院。

第四章 值班律师工作保障

第二十六条 在看守所、人民检察院、人民法院设立的法律援助工作站,由同级司法行政机关所属的法律援助机构负责派驻并管理。

看守所、人民检察院、人民法院等机关办公地点临近的,法律援助机构可以设立联合法律援助工作站派驻值班律师。

看守所、人民检察院、人民法院应当为法律援助工作站提供必要办公场所和设施。有条件的人民检察院、人民法院，可以设置认罪认罚等案件专门办公区域，为值班律师设立专门会见室。

第二十七条　法律援助工作站应当公示法律援助条件及申请程序、值班律师工作职责、当日值班律师基本信息等，放置法律援助格式文书及宣传资料。

第二十八条　值班律师提供法律咨询、查阅案卷材料、会见犯罪嫌疑人或者被告人、提出书面意见等法律帮助活动的相关情况应当记录在案，并随案移送。

值班律师应当将提供法律帮助的情况记入工作台账或者形成工作卷宗，按照规定时限移交法律援助机构。

公安机关（看守所）、人民检察院、人民法院应当与法律援助机构确定工作台账格式，将值班律师履行职责情况记录在案，并定期移送法律援助机构。

第二十九条　值班律师提供法律帮助时，应当遵守相关法律法规、执业纪律和职业道德，依法保守国家秘密、商业秘密和个人隐私，不得向他人泄露工作中掌握的案件情况，不得向受援人收取财物或者谋取不正当利益。

第三十条　司法行政机关应当会同财政部门，根据直接费用、基本劳务费等因素合理制定值班律师法律帮助补贴标准，并纳入预算予以保障。

值班律师提供法律咨询、转交法律援助申请等法律帮助的补贴标准按工作日计算；为认罪认罚案件的犯罪嫌疑人、被告人提供法律帮助的补贴标准，由各地结合本地实际情况按件或按工作日计算。

法律援助机构应当根据值班律师履行工作职责情况，按照规定支付值班律师法律帮助补贴。

第三十一条　法律援助机构应当建立值班律师准入和退出机制，建立值班律师服务质量考核评估制度，保障值班律师服务质量。

法律援助机构应当建立值班律师培训制度，值班律师首次上岗前应当参加培训，公安机关、人民检察院、人民法院应当提供协助。

第三十二条 司法行政机关和法律援助机构应当加强本行政区域值班律师工作的监督和指导。对律师资源短缺的地区,可采取在省、市范围内统筹调配律师资源,建立政府购买值班律师服务机制等方式,保障值班律师工作有序开展。

第三十三条 司法行政机关会同公安机关、人民检察院、人民法院建立值班律师工作会商机制,明确专门联系人,及时沟通情况,协调解决相关问题。

第三十四条 司法行政机关应当加强对值班律师的监督管理,对表现突出的值班律师给予表彰;对违法违纪的值班律师,依职权或移送有权处理机关依法依规处理。

法律援助机构应当向律师协会通报值班律师履行职责情况。

律师协会应当将值班律师履行职责、获得表彰情况纳入律师年度考核及律师诚信服务记录,对违反职业道德和执业纪律的值班律师依法依规处理。

第五章 附 则

第三十五条 国家安全机关、中国海警局、监狱履行刑事诉讼法规定职责,涉及值班律师工作的,适用本办法有关公安机关的规定。

第三十六条 本办法自发布之日起施行。《关于开展法律援助值班律师工作的意见》(司发通〔2017〕84 号)同时废止。

附件

文书参考格式一

法律帮助申请表

编号：

<table>
<tr><td>申请人
姓名</td><td></td><td>性别</td><td></td><td>涉嫌罪名</td><td></td></tr>
<tr><td colspan="2">身份证号码</td><td colspan="4"></td></tr>
<tr><td colspan="2">被羁押看守所</td><td colspan="4"></td></tr>
<tr><td colspan="2">刑事诉讼阶段</td><td colspan="4"></td></tr>
<tr><td colspan="6">本人没有辩护人，申请值班律师提供法律帮助。

申请人（签名）：　　　　年　　月　　日</td></tr>
<tr><td colspan="6">
看守所民警（签名）：　　　　年　　月　　日</td></tr>
<tr><td colspan="6">
值班律师（签名）：　　　　年　　月　　日</td></tr>
</table>

备注：被羁押犯罪嫌疑人（被告人）口头申请的，此表由看守所民警代为填写。

文书参考格式二

××××公安局
值班律师提供法律帮助通知书

××公××帮〔20××〕×号

____________法律援助中心：

本局办理的犯罪嫌疑人____________涉嫌____________一案，因其没有辩护人，根据《中华人民共和国刑事诉讼法》第三十六条之规定，请依法安排值班律师为其提供法律帮助。犯罪嫌疑人现羁押于____________。

联 系 人：__________________

联系方式：__________________

20××年×月×日
（局印）

文书参考格式三

××××检察院
值班律师提供法律帮助通知书

××检××帮〔20××〕×号

____________法律援助中心：

本院办理的被告人____________涉嫌____________一案，因其没有辩护人，根据《中华人民共和国刑事诉讼法》第三十六条之规定,请依法安排值班律师为其提供法律帮助。被告人现羁押于____________。

附:起诉意见书一份

联系人:________________

联系方式:________________

20××年×月×日

(院印)

文书参考格式四

××××法院

值班律师提供法律帮助通知书

××法××帮〔20××〕×号

____________法律援助中心:

本院办理的被告人____________涉嫌____________案件,因其没有辩护人,根据《中华人民共和国刑事诉讼法》第三十六条之规定,请依法安排值班律师为其提供法律帮助。被告人现羁押于____________。

附:起诉书副本一份

联系人:________________

联系方式:________________

20××年×月×日

(院印)

文书参考格式五

值班律师提供法律帮助情况登记表

<table>
<tr><td>受援人
姓名</td><td></td><td>性别</td><td></td><td>身份
证号</td><td></td></tr>
<tr><td colspan="2">羁押地(住址)</td><td colspan="4"></td></tr>
<tr><td colspan="2">办案机关</td><td colspan="4"></td></tr>
<tr><td colspan="2">涉嫌罪名</td><td colspan="4"></td></tr>
<tr><td colspan="6">提供法律帮助情况(可多勾选)</td></tr>
<tr><td colspan="6">□提供法律咨询　□帮助申请法律援助　□帮助申请变更强制措施
□提供程序选择建议　□对案件处理提出法律意见
□犯罪嫌疑人签署认罪认罚具结书时在场
□其他</td></tr>
<tr><td colspan="6">简要情况记录

值班律师(签名):　　　　　　　　年　　月　　日</td></tr>
</table>

文书参考格式六

值班律师法律帮助工作台账

序号	日期	受援人姓名	涉嫌罪名	值班律师	律师所在执业机构	提供法律帮助情况	办案机关或看守所工作人员签字

备注:提供法律帮助情况包括以下情形,可以单项或者多项:A 提供法律咨询　B 帮助申请法律援助　C 帮助申请变更强制措施　D 提供程序选择建议　E 对案件处理提出意见　F 办理认罪认罚案件

（五）公证工作类

司法部办公厅关于进一步完善公证机构收入分配管理机制的通知

（2020 年 4 月 30 日　司办通〔2020〕45 号）

各省、自治区、直辖市司法厅（局），新疆生产建设兵团司法局：

为切实贯彻落实《中共司法部党组关于加强公证行业党的领导　优化公证法律服务的意见》（司党〔2020〕1 号），按照司法部党组关于做好巡视整改工作的部署安排，在总结前阶段工作的基础上，进一步完善公证机构收入分配管理机制，确保公证行业发展的正确方向，增强公证机构的运行活力，更好地发挥公证工作职能作用，现通知如下。

一、充分认识完善公证机构收入分配管理机制的重要性

完善公证机构收入分配管理机制是公证体制改革机制创新的重要内容，对于建立以"激励有效、约束有力"为原则，健全符合岗位绩效和分级分类管理要求的公证机构分配制度，维护公证法律服务公益属性，既调动广大公证人员的工作积极性，又从制度上防范逐利行为，促进公证事业健康发展具有重要意义。司法部、中央编办、财政部、人力资源和社会保障部《关于推进公证体制改革机制创新工作的意见》（司发〔2017〕8 号，以下简称《意见》）下发后，各地按照《意见》的要求，开展了公证收入分配改革、规范工作，取得一定进展。但总体看成效不明显，大部分地区尚未建立完善与公证事业发展客观要求相适应，体现公证职业特点的收入分配管理制度。有的地方落实《意见》主动性不强，工作协调力度不大，政策落实止步不前；有的地方公证机构绩效工资总量核定偏低，激励作用不明显，与提升公证职业吸引力、扩大公证服务有效供给的目标存在差距；有的地方虽然争取到了比较好的绩效工资核定政策，但公证机构内部没有建立科学合理的分配激励机制，公益服务导向不明确，个别公证员收入偏高，甚至存在逐利倾向。各级司法行政机关对此要高度重视，增强工作的责任感、紧迫感，进一步推动落实《意见》要求，完善健全公证机构收入分配管理机制，充分发挥绩效工资制度正向激励作用，深化公证体制改革机制创新，调动广大公证从业人员积极性，提升公证工作服务人民群众的能力和水平。

二、完善公证机构收入分配管理机制的任务和要求

（一）坚持公益性、非营利性导向。要坚持以人民为中心的思想，引导公证人员为人民群众提供更加普惠、优质的公证法律服务，避免公证服务偏离公益方向、执业活动市场化、逐利化。公证机构内部收入分配要对涉及民生、公益类的岗位和业务给予倾斜，将公益法律服务工作量作为收入分配的重要指标，在经费、绩效考核方面给予必要的保障，彰显社会担当。

（二）科学制定绩效工资总量标准。要通过深化改革和优化机制，建立健全既符合公证服务公益属性和社会功能，又体现按劳分配、多劳多得和公证职业特点与要求的公证机构年度绩效工资总量和内部分配机制。要根据收入情况，在确保留足各类基金、扣除工资成本以外的其他成本开支和税费前提下，科学核定用于绩效分配的工资总量。要根据具体经济发展水平和业务发展情况，合理确定不同公证机构的绩效总量与年度业务收入的比例。

（三）坚持公平可持续的收入分配原则。各地在核定公证机构绩效工资总量的具体工作中，要对人员规模较大、创新能力强、业务发展好且财政负担少或没有财政补助的公证机构给予适当倾斜并且动态调整。要兼顾地域、城乡经济社会发展差异，以及公证机构体制区别、财政保障程度、业务开展、社会贡献等因素，坚持因地制宜、区别对待，不搞“一刀切”。条件允许的要分类指导，做到一处一策。

（四）坚持灵活自主多样的分配方法。公证机构内部收入分配，要考量不同的岗位职责和日常表现、工作业绩差别、实际贡献大小，体现多劳多得原则，使公证人员收入分配更趋公平合理。要避免差距过大，对个人创收增长幅度大的公证员以及公证机构负责人，可以规定年收入的上限。通过聘用合同引进人才的公证机构，应当打破公证员身份限制，按照相同岗位同一标准，体现同工同酬。

（五）公证机构应当建立法人财产制度。公证机构要加强经费管理，实行独立核算。要恰当配比个人收入、公共积累与事业发展的关系，留足用于发展、培训、修购、奖励、风险赔偿等各项公共基金，并为公证人员缴纳养老、医疗等社会保险。在依法依规扣除各项开支和税费、发放绩效工资后，剩余部分纳入公证机构的公共积累。司法行政机关不能把公证机构的收入作为行政经费的补充。

（六）建立备案管理、动态调整制度。要加强对公证机构收入分配管理，公证机构内部收入分配办法应当报主管司法行政机关备案。公证机构要根据经济发展状况、业务规模等情况及时对收入分配办法作出调整，原则上 2 至 3 年调整一次。建立收入分配办法公开制度，在适当范围内公布，接受民主监督。

三、加强对公证机构收入分配管理的组织领导

（一）加强政策支持。各级司法行政机关要把公证机构收入分配管理工作摆在突出重要位置，在调研掌握实情的基础上，加强与人社、财政等有关部门的沟通协调，争取优惠政策支持，确保公证机构收入分配标准符合公证事业发展需求，保证公证员薪酬水平正常合理，以此激发公证机构运行活力，留住现有公证员并吸引高素质法律人才加入公证队伍。

（二）加强工作指导。各省（区、市）司法厅（局）要在 5 月底前开展全面的调查摸底，对不同体制的公证机构进行分类指导。要首先落实公证机构自主权，再具体指导有监管职责的司法行政机关结合本地公证机构发展状况，科学设定包括公益服务在内的指标体系，量身定做公证机构绩效工资分配管理办法，发挥好分配机制的激励和约束作用。要具体指导所属公证机构制定与工作岗位、工作业绩、公益服务、日常表现等相挂钩的科学合理的内部收入分配办法,切实调动起公证人员工作积极性。要尊重基层创新做法,注意总结推广典型经验,推动这项工作落实见效。

(三)加强监督检查。各省(区、市)司法厅(局)要带头承担完善公证机构收入分配制度的政策协调工作,同时加强对下级司法行政机关的督促检查。有监管职责的司法行政机关要加强对所属公证机构收入分配制度执行情况的检查,督促严格落实。要始终加强党建工作,突出思想政治教育工作,引导公证人员正确处理好个人、集体和国家利益相互之间关系,树立大局意识、服务意识,勤勉履行岗位职责,切实做好公证服务大局、服务民生的各项工作。

各地在执行本通知过程中遇到的困难和问题,请及时报部。

司法部办公厅关于落实部分公证服务事项“跨省通办”有关工作的通知

（2020年12月4日　司办通〔2020〕91号）

各省、自治区、直辖市司法厅(局)，新疆生产建设兵团司法局：

为贯彻落实《国务院办公厅关于加快推进政务服务“跨省通办”的指导意见》(国办发〔2020〕35号)，加快推进学历公证、学位公证、驾驶证公证实现“跨省通办”，现将有关事项通知如下：

一、“跨省通办”公证事项不受地域限制。自2021年1月1日起，申请人申请办理学历公证、学位公证、驾驶证公证，可以向全国范围内任一公证机构提出，公证机构应当受理；公证书用于涉外或涉港澳台的，应当由具备条件和能力的公证机构办理。公证机构能够通过政务信息资源共享方式获取学历、学位、驾驶证等权威数据的，当事人可不提供原件。

二、改进办证服务模式。申请人可以通过国家政务服务平台、司法部政务服务平台及相关链接，了解公证机构、公证员信息，查阅告知事项，在线向公证机构提出申请。公证机构要利用网络服务平台，对学历公证、学位公证、驾驶证公证实行网上申请、网上受理、网上反馈，全面落实当事人“最多跑一次”。

三、认真核查确保办证质量。公证机构、公证员要通过核查教育、公安部门相关数据信息等多种方式，加强对当事人身份信息、证明材料的审查核实，确保有关材料的真实性、合法性，杜绝出现错证、假证。

各地在贯彻执行中的问题，请及时报部公共法律服务管理局。

(六)司法鉴定工作类

司法部办公厅关于开展司法鉴定机构和鉴定人清理整顿工作的通知

（2020 年 3 月 25 日　司办通〔2020〕27 号）

各省、自治区、直辖市司法厅（局），新疆生产建设兵团司法局：

为深入贯彻落实中办、国办《关于健全统一司法鉴定管理体制的实施意见》，严格准入门槛，加强司法鉴定事中事后监管，进一步规范执业秩序，不断提高司法鉴定质量和公信力，司法部决定自 2020 年 4 月 1 日起，在全国范围内开展为期两个月的司法鉴定机构和鉴定人清理整顿工作。现将有关事项通知如下。

一、清理整顿范围

全国经司法行政机关登记的司法鉴定机构和鉴定人的执业资格及其执业行为。

二、清理整顿目的

通过清理整顿，进一步严格司法鉴定准入管理，加强执业监督，严肃查处和有效预防“金钱鉴定、人情鉴定、虚假鉴定”等违法违规行为，规范执业行为，提高服务质量和公信力，促进司法鉴定行业健康发展。

三、清理整顿依据

《全国人民代表大会常务委员会关于司法鉴定管理问题的决定》，中办、国办《关于健全统一司法鉴定管理体制的实施意见》，《司法鉴定程序通则》《司法鉴定机构登记管理办法》《司法鉴定人登记管理办法》《司法鉴定执业活动投诉处理办法》《司法部关于严格准

入　严格监管　提高司法鉴定质量和公信力的意见》《司法部办公厅关于严格依法做好司法鉴定人和司法鉴定机构登记工作的通知》《司法部　国家市场监管总局关于规范和推进司法鉴定认证认可工作的通知》等法律法规、部门规章和规范性文件。

四、清理整顿内容

各地要结合“双严十二条”规范整改和司法鉴定行业警示教育活动，结合本地司法鉴定工作实际和疫情防控有关要求，对司法鉴定行业进行全面清理整顿，重点包括但不限于以下内容：

（一）严格准入监管。全面核查司法鉴定机构和司法鉴定人准入条件是否合格，执业许可证是否齐全、有效，业务类别是否属于法定登记范围。

1. 对鉴定机构、鉴定人登记事项发生变化，不符合设立条件的，撤销登记并依法办理注销登记手续。

2. 鉴定机构某一类别的在岗执业鉴定人实际少于 3 人的，依法撤销该执业类别。

3. 仪器设备配置不符合相关要求的，停止执业并限期 3 个月内整改，整改后仍不符合要求的，依法撤销该执业类别。

4.《司法鉴定许可证》使用期限届满未申请延续的，依法办理注销登记手续。

5. 设立司法鉴定机构的法人或者其他组织依法终止的，依法办理注销登记手续。

6. 对明确属于从事“四类外”鉴定业务的鉴定机构和鉴定人，依法坚决注销登记；对已登记的“四类外”鉴定机构中所从事的鉴定业务确属“四大类”鉴定类别的，依法变更登记。

7. 按照《公务员法》的规定，对没有经过有关机关批准在鉴定机构兼职的公务员，由所在鉴定机构进行清理和解聘；对辞职或退休的公务员，原系领导班子成员以及其他担任县处级以上职务的公务员辞去公职未满 3 年，其他公务员未满 2 年，在鉴定机构兼职的，由所在鉴定机构进行清理和解聘。

（二）严格质量监管。全面核查司法鉴定认证认可开展情况，近几年能力验证结果反馈情况，第三方能力评估、文书质量评查开展情况。

1. 严格贯彻落实《司法部 国家市场监管总局关于规范和推进司法鉴定认证认可工作的通知》（司发通〔2018〕89 号）、《司法部 国家市场监督管理总局关于加快推进司法鉴定资质认定工作的指导意见》（司规〔2019〕4 号），建立工作台账，制定工作计划，认真推进司法鉴定认证认可工作。在业务范围内进行司法鉴定应当具备而不具备依法通过计量认证或者实验室认可的检测实验室的，停止执业并限期整改。2020 年 10 月 30 日后仍未通过的，依法注销其相应的司法鉴定业务类别。

2. 严格贯彻落实中办、国办《关于健全统一司法鉴定管理体制的实施意见》，《司法部关于严格准入严格监管提高司法鉴定质量和公信力的意见》（司发〔2017〕11 号），全面核查第三方评价工作：对鉴定机构和鉴定人能力评估结果是否已经以适当的方式公开、通报；对司法鉴定机构同一鉴定事项连续两次能力验证结果为不合格的，停止执业并限期 6 个月内整改，整改后仍不能满足基本能力要求的，予以注销；通过文书质量评查发现鉴定人能力水平存在严重不足，停止执业并限期 6 个月内整改，整改后经省厅组织专家评审认为仍不能胜任司法鉴定工作的，予以注销。

（三）严格执业监管。全面核查有关司法鉴定投诉、举报、信访等处理情况。重点清理整顿但不限于以下司法鉴定机构和鉴定人违法违规行为：

1. 无资质、超范围鉴定；

2. 无正当理由拒绝接受委托；

3. 鉴定人私自接受委托；

4. 违反司法鉴定程序规则从事司法鉴定活动；

5. 无正当理由拒绝出庭作证；

6. 支付回扣、介绍费、进行虚假宣传、违规设立接案点等不正当行为；

7. 违反鉴定人负责制，按照委托人的意图或者特定目的提供鉴定意见；

8. 故意提高或降低伤残等级等虚假鉴定；

9. 应当回避而未回避；

10. 出租、出借、转让执业许可证；

11. 违规收费等。

各地要严格对鉴定机构、鉴定人执业活动的监督，根据清理整顿有关情况，对违反《司法鉴定程序通则》等有关规定的，依法给予处罚；对"金钱鉴定、人情鉴定、虚假鉴定"或者鉴定意见存在严重质量问题，严重损害司法鉴定行业形象和公信力的行为，要坚决追究责任，严肃处理；发现鉴定机构、鉴定人存在严重违法违规行为的，依法撤销登记。

五、方法步骤

清理整顿共分五个阶段进行：

第一阶段（4月1日前），动员部署。各地要认真贯彻落实通知要求，把清理整顿工作作为2020年重点工作任务，及时将有关要求传达到每一位司法鉴定管理人员和司法鉴定从业人员。要让广大鉴定机构、鉴定人充分认识到这次清理整顿的重要意义，使其积极配合开展工作，自觉整改提高。

第二阶段（4月1日—4月10日），开展自查。各地司法鉴定管理部门联合司法鉴定协会，组织各司法鉴定机构和鉴定人进行自查，形成自查问题清单。

第三阶段（4月11日—4月30日），全面核查。各地根据自查情况，制定核查方案，与司法鉴定协会一起组织开展全面核查，要覆盖所有司法鉴定机构和鉴定人，形成核查问题清单。

第四阶段（5月1日—5月22日），清理整顿。要对核查中发现的问题集中进行处理：对于存在违法违规行为的要坚决予以处罚、惩戒，情节严重的予以撤销登记；对于存在问题的要及时进行整顿，能立即整改的要立即整改,不能立即整改的要限期整改;对已经不符合行政许可条件的,可以责令限期达标,在规定限期内仍不能达标的,要坚决注销;对积压的投诉案件,要集中清理,尽快结案。

第五阶段(5 月 23 日—5 月 31 日),验收总结。各地要将此次清理整顿工作的基本情况、发现的突出问题、原因分析、整改措施、成功经验和下一步工作建议等整理汇总,以省(区、市)为单位,填写清理整顿情况汇总表(见附件),并于 2020 年 6 月 5 日前上报司法部。

对于个别重点疫情地区或疫情防控有特殊要求地区,可以适当调整各阶段时间安排。

六、有关要求

(一)加强组织领导。各地要高度重视,认真做好组织实施工作,细化方案,落实责任。要积极调动各方力量,完善司法鉴定行政管理和行业自律"两结合"管理体制,充分发挥司法鉴定协会作用,推动清理整顿工作深入开展。

(二)严格工作要求。坚持高标准,严格按照法律法规和各项管理制度的要求,重点核查投诉数量多、鉴定业务少、2017 年以后新设立的鉴定机构,务必在规定时间内高质量完成自查、核查、清理整顿等各阶段工作,坚决防止走形式、走过场。

(三)务求整改实效。对存在问题的鉴定机构、鉴定人,决不姑息,决不手软,要严肃查处违法违规行为,坚决依法淘汰不合格的司法鉴定机构和鉴定人,进一步规范司法鉴定执业活动。要持续抓好整改提高,及时补监管漏洞,使清理整顿工作出成果、见实效。

(四)建立长效机制。各地要进一步完善投诉处理各项制度,确保投诉渠道畅通。建立定期的执业活动检查和文书评查制度,加强情况通报。加强行业惩戒,建立健全司法鉴定行业处罚公开通报制度,使严肃处理违法违规司法鉴定机构和鉴定人工作常态化、机制化。积极推动司法鉴定机构服务规范化、标准化建设,从源头上规范执业活动。

司法部将按照疫情防控要求,适时通过组织座谈、电话沟通、随机抽检鉴定机构等形式对各地清理整顿情况进行抽查。对落实不力的，予以通报。

贯彻执行中遇到重要情况和问题，请及时报司法部公共法律服务管理局。

附件：全国司法鉴定机构和鉴定人清理整顿情况汇总表

附件

全国司法鉴定机构和鉴定人清理整顿情况汇总表

填报时间＿＿＿＿＿＿＿　　　　填报单位＿（盖章）＿

汇总 类别	自查			核查		清理整顿						
	基本情况	存在问题	处理措施	基本情况	存在问题	批评教育	训诫	通报	限期整改	行政处罚	拟注销	拟撤销
鉴定机构												
鉴定人												

备注：表中自查、核查阶段的“基本情况”，应当包括（但不限于）鉴定机构、鉴定人数量，存在的问题、采取的措施、有关意见建议的总条数。

司法部关于2019年度司法鉴定违法违规行为查处典型案例的通报

（2020年3月31日　司通报〔2020〕1号）

各省、自治区、直辖市司法厅（局），新疆生产建设兵团司法局：

依法查处司法鉴定违法违规行为是司法行政机关对司法鉴定执业活动进行事后监督，规范执业活动，提高司法鉴定质量和公信力的重要监管措施。中办、国办《关于健全统一司法鉴定管理体制的实施意见》（以下简称《实施意见》）就"严肃查处违法违规的鉴定人和鉴定机构"提出明确要求。近年来，各地司法行政机关切实履行监管职能，综合运用多种方式，依据投诉、举报、"双随机，一公开"执业检查和鉴定意见使用部门提供线索，依法对违法违规鉴定行为进行查处，维护了人民群众合法权益，对司法鉴定监管工作和司法鉴定行业起到示范及警示作用。现将2019年度司法鉴定违法违规行为查处典型案例予以通报（见附件）。

各地要进一步提高政治站位，认真贯彻《司法部办公厅关于开展司法鉴定机构和鉴定人清理整顿工作的通知》，扎实开展清理整顿工作，全面加强质量监管，加大行业惩戒力度，进一步规范执业秩序。要结合清理整顿工作，通过专题学习、警示教育，将通报精神传达到司法鉴定机构和鉴定人，督促司法鉴定机构和鉴定人以案明纪、引以为戒，切实增强法律意识、责任意识、服务意识和诚信意识，严格遵守执业规范，不断规范执业行为，切实提高司法鉴定质量和公信力。要健全完善司法鉴定违法违规行为查处情况公开通报制度，即时将查处结果通过在官方网站、司法鉴定人和鉴定机构电子名录页面醒目位置公布等方式，加大公开力度，方便人民群众查询，强化社会监督。要按照《最高人民法院　司法部关于建立司法鉴定管理与使用衔接机制的意见》要求，及时将对鉴定人和鉴定机构的查处结果通报给本省（区、市）人民法院等办案机关，加强管理与使用衔接，方便司法监督，便于机关办案。

各地传达学习和贯彻落实情况请及时报部公共法律服务管理局。

附件：2019 年度司法鉴定违法违规行为查处典型案例

附件

2019 年度司法鉴定违法违规行为查处典型案例

1. 黑龙江省森工总医院司法鉴定所及有关鉴定人不符合资质要求、违反鉴定程序案

关键词

资质　实时记录　复核　警告并责令改正　罚款

案件情况

2018 年 10 月，经当事人投诉，黑龙江省司法厅对黑龙江省森工总医院司法鉴定所（森工所）有关执业行为进行调查。经查明，森工所在办理投诉所涉的医疗损害因果关系鉴定中，所指定的鉴定人李某、王某均不具备鉴定疾病所属学科相关的专业经历；指定司法鉴定意见复核人未进行实质的“鉴定程序和鉴定意见”复核，也未填写复核意见书存入鉴定档案。鉴定人李某、王某未在鉴定听证会笔录、司

法鉴定意见书底稿上签字、鉴定讨论没有书面记录，违反了多项规定。2019 年 5 月 31 日，黑龙江省司法厅根据《司法鉴定程序通则》第二十七条、第三十五条，《黑龙江省司法鉴定管理条例》第二十九条、四十三条、四十四条的规定，给予森工所警告并责令改正、处以一万元罚款的行政处罚，给予司法鉴定人李某、王某警告并责令改正的行政处罚。

案例评析

司法鉴定是鉴定人运用科学技术或者专业知识对专门性问题进行鉴别和判断并提供鉴定意见的活动，兼具科学性和法律性。具有相应的资质是开展鉴定活动的首要条件，资质管理是司法鉴定登记管理制度的起点。在执业活动中，司法鉴定机构和鉴定人要严格遵守资质管理各项规定，否则无法保障鉴定意见的科学性、可靠性，也必然造成出具的鉴定意见因程序不合法而不被采信，不仅造成诉讼资源浪费，还影响诉讼进程，损害当事人合法权益。《司法鉴定程序通则》是司法鉴定机构和司法鉴定人从事司法鉴定活动的基本程序规则，必须严格遵守，不能因侥幸心理或疏忽大意忽略应完成的程序。

2. 浙江千麦司法鉴定中心鉴定人严重不负责任造成当事人合法权益重大损失案

关键词

错误鉴定　严重不负责任　出庭质证　停止从事司法鉴定业务

案件情况

2019 年 2 月，浙江省司法厅根据杭州市司法局报告，对浙江千麦司法鉴定中心鉴定人方某某、陈某某有关执业行为进行调查。经查明，方某某、陈某某在某签名鉴定事项中，在出具相关鉴定意见书后，发现鉴定意见存在问题，但既未向浙江千麦司法鉴定中心报告，也未向委托法院说明或对鉴定意见作出补正，在经法院通知出庭参与质证时，当庭发表了与所出具鉴定意见相左的陈述，造成庭审中止，法院不得不重新委托鉴定，最终审判时限拖延 4 个多月，浪费了诉讼资源、扰乱了诉讼秩序，给当事人合法权益造成重大损失。2019 年 6 月 3 日，浙江省司法厅根据《全国人民代表大会常务委员会关于司法鉴定管理问题的决定》（以下简称《决定》）第十三条，《司法鉴定人登记管理办法》第三十条，《浙江省司法鉴定管理条例》第四十八条等给予司法鉴定人方某某、陈某某停止从事司法鉴定业务五个月的行政处罚。

案例评析

司法鉴定活动是科学性和法律性的有机统一。司法鉴定实行鉴定人负责制度，鉴定人应当对鉴定意见负责，这是保障诉讼活动顺利进行的重要因素。当发现已出具的鉴定意见存在问题后，鉴定人和鉴定机构应当及时采取措施，消除错误鉴定意见可能造成的不利影响，而不是任由其影响诉讼进程。即便是在庭审质证中，承认鉴定意见的错误，也是对自己执业行为的严重不负责任，这种行为要坚决杜绝。

3. 湖北黄冈博林法医司法鉴定所违规收费案

关键词

违规收费　变更登记事项　警告并责令改正　停止从事司法鉴定业务

案件情况

2019 年 4 月，黄冈市司法局按照行政执法检查工作统一部署，对黄冈博林法医司法鉴定所（博林所）进行为期一周的专项检查。经抽查 2017 年至 2018 年间的 359 份案卷，查明 70 件存在违规收费现象，共计超标准收费 45,000 元。其中 56 件将差旅费违规变相作为鉴定项目列入鉴定收费范围，涉及金额 37,800 元；14 件超标准重复收费，涉及金额 7,200 元。以上 70 件鉴定的第一鉴定人均为该所法定代表人、机构负责人冯某某。检查还查明，博林所于 2019 年初搬迁办公地址后，经多次催办依然未办理机构住所变更手续；办公场所未按规定公示司法鉴定许可证(正本)、司法鉴定业务范围、收费标准等。2019年5月21日,黄冈市司法局依据《湖北省人民政府关于取消和调整行政审批项目等事项的决定》(鄂政发〔2017〕65号)精神,根据《决定》第十二条、第十三条,《司法鉴定程序通则》第八条,《湖北省司法鉴定收费管理办法》第八条等,给予黄冈博林法医司法鉴定所警告并责令改正的行政处罚,给予冯某某停止从事司法鉴定业务三个月的行政处罚。

案例评析

2017年,司法部按照《国家发展改革委员会　教育部　司法部　国家新闻出版广电总局关于下放教材及部分服务价格定价权限有关问题的通知》要求,指导全国31个省(区、市)完成新的司法鉴定收费标准制定。司法部办公厅于2017年3月和7月印发通知就加强司法鉴定收费行为监督管理,严肃查处违规收费行为提出要求。各地严格监管,经过努力,司法鉴定收费得到有效规范。相比于2017年初曝出的“天价鉴定费”事件引发社会对司法鉴定收费行为的聚焦和质疑,日常执业活动中的违规收费行为虽不瞩目,但同样危害巨大,长此以往将严重破坏司法鉴定行业的公信力。司法鉴定机构和司法鉴定人要牢固树立底线思维,坚持司法鉴定公益属性,严格遵守司法鉴定收费相关规定,认真执行收费标准,坚决防止“天价鉴定费”及各种乱收费现象发生。

4. 江西省信丰益农果业司法鉴定所超范围执业、违反多项司法鉴定程序案

关键词

超范围执业　引用废止的技术操作规范　撤销登记

案件情况

2018年9月,江西省司法厅根据当事人投诉线索和赣州市司法局调查情况,对信丰益农果业司法鉴定所(信丰益农所)有关执业行为进行调查。经查明,信丰益农所在对“王某某等葡萄园因施用不

合格叶面肥造成树体及产量损失评估”的委托事项鉴定中，不具备“农作物肥料肥害司法鉴定资质”而实施了相应鉴定，超出登记执业范围执业；对所涉及的葡萄园现场没有进行必要的现场勘查、司法鉴定人未按照司法鉴定程序规定要求在鉴定意见书上签名、引用已废止的技术操作规范，违反司法鉴定程序相关规定。以上行为违法违规情形较多，情节严重，造成了损害当事人合法权益，损害司法鉴定社会公信力等后果。2019 年 1 月 22 日，江西省司法厅根据《决定》第十条，《司法鉴定程序通则》第十五条、第二十三条、第三十七条，《司法鉴定机构登记管理办法》第八条、第三十九条等规定，对信丰益农果业司法鉴定所予以撤销登记。

案例评析

根据《决定》，我国对从事特定事项鉴定业务的鉴定人和鉴定机构实行登记管理制度。在登记的业务范围内从事相关鉴定活动，是司法鉴定执业活动的基本要求。超出登记业务范围执业的行为，属于严重违法违规，应当予以严肃处理。各地司法行政机关应当严格按照有关的执业分类确定的类别和项目对司法鉴定人和司法鉴定机构进行登记，这是严格准入管理的必然要求。目前，按照《实施意见》提出的改革要求，司法部在已制定环境损害司法鉴定执业分类规定的基础上积极推进法医类、物证类、声像资料司法鉴定执业分类规定，细化各执业类别，将为加强准入管理进一步提供制度保障。以上规定出台后，各地司法行政机关要严格按照执业分类对司法鉴定人和司法鉴定机构进行登记。

5. 北京明正司法鉴定中心不配合司法行政机关监管，提交虚假材料案

关键词

虚假签名　提供虚假材料　警告

案件情况

经投诉，北京市司法局对北京明正司法鉴定中心（北京明正）及

鉴定人霍某某、杨某有关执业行为进行调查。经查实,在调查处理过程中,北京明正向北京市局提交的《北京明正司法鉴定中心司法鉴定协议书(法医类)》落款处“委托人(委托机构)”一栏中的签名和日期不是本人签署,而是由北京明正工作人员所签,属于向司法行政机关提供虚假材料。2019 年 11 月 4 日,北京市司法局根据《司法鉴定机构登记管理办法》第三十九条等规定,给予北京明正司法鉴定中心警告的行政处罚。

案例评析

司法鉴定制度是解决诉讼涉及的专门性问题、帮助司法机关查明案件事实的司法保障制度。接受司法行政机关依法进行的监督管理是司法鉴定机构和司法鉴定人应履行的义务。从事司法鉴定业务的鉴定人和鉴定机构应该将诚实守信作为从业底线,自觉接受司法行政机关监督管理,否则应当依法严肃查处。

司法部关于进一步规范和完善司法鉴定人出庭作证活动的指导意见

（2020 年 5 月 14 日　司规〔2020〕2 号）

各省、自治区、直辖市司法厅（局），新疆生产建设兵团司法局：

为了规范和指导司法行政机关登记管理的司法鉴定人出庭作证活动，保障诉讼活动的顺利进行，根据《全国人民代表大会常务委员会关于司法鉴定管理问题的决定》和有关法律、法规的规定，制定本指导意见。

一、本指导意见所称的司法鉴定人出庭作证是指经司法行政机关审核登记，取得《司法鉴定人执业证》的司法鉴定人经人民法院依法通知，在法庭上对自己作出的鉴定意见，从鉴定依据、鉴定步骤、鉴定方法、可靠程度等方面进行解释和说明，并在法庭上当面回答质询和提问的行为。

二、人民法院出庭通知已指定出庭作证鉴定人的，要由被指定的鉴定人出庭作证；未指定出庭作证的鉴定人时，由鉴定机构指定一名或多名在司法鉴定意见书上签名的鉴定人出庭作证。

司法鉴定机构要为鉴定人出庭提供必要条件。

三、人民法院通知鉴定人到庭作证后，有下列情形之一的，鉴定人可以向人民法院提出不到庭书面申请：

（一）未按照法定时限通知到庭的；

（二）因健康原因不能到庭的；

（三）路途特别遥远，交通不便难以到庭的；

（四）因自然灾害等不可抗力不能到庭的；

（五）有其他正当理由不能到庭的。

经人民法院同意，未到庭的鉴定人可以提交书面答复或者说明，或者使用视频传输等技术作证。

四、鉴定人出庭前，要做好如下准备工作：

（一）了解、查阅与鉴定事项有关的情况和资料；

（二）了解出庭的相关信息和质证的争议焦点；

（三）准备需要携带的有助于说明鉴定的辅助器材和设备；

（四）其他需要准备的工作。

五、鉴定人出庭要做到：

（一）遵守法律、法规，恪守职业道德，实事求是，尊重科学，尊重事实；

（二）按时出庭，举止文明，遵守法庭纪律；

（三）配合法庭质证，如实回答与鉴定有关的问题；

（四）妥善保管出庭所需的鉴定材料、样本和鉴定档案资料；

（五）所回答问题涉及执业活动中知悉的国家秘密、商业秘密和个人隐私的，应当向人民法院阐明；经人民法院许可的，应当如实回答；

（六）依法应当做到的其他事项。

六、鉴定人到庭作证时，要按照人民法院的要求，携带本人身份证件、司法鉴定人执业证和人民法院出庭通知等材料，并在法庭指定的鉴定人席就座。

七、在出庭过程中，鉴定人遇有下列情形的，可以及时向人民法院提出请求：

（一）认为本人或者其近亲属的人身安全面临危险，需要请求保护的；

（二）受到诉讼参与人或者其他人以言语或者行为进行侮辱、诽谤，需要予以制止的。

八、鉴定人出庭作证时，要如实回答涉及下列内容的问题：

（一）与本人及其所执业鉴定机构执业资格和执业范围有关的问题；

（二）与鉴定活动及其鉴定意见有关的问题；

（三）其他依法应当回答的问题。

九、法庭质证中，鉴定人无法当庭回答质询或者提问的，经法庭同意，可以在庭后提交书面意见。

十、鉴定人退庭后，要对法庭笔录中鉴定意见的质证内容进行确认。

经确认无误的，应当签名；发现记录有差错的，可以要求补充或者改正。

十一、出庭结束后，鉴定机构要将鉴定人出庭作证相关材料归档。

十二、司法行政机关要监督、指导鉴定人依法履行出庭作证义务，定期或者不定期了解掌握鉴定人履行出庭作证义务情况。

十三、司法行政机关要健全完善与人民法院的衔接机制，加强鉴定人出庭作证信息共享，及时研究解决鉴定人出庭作证中的相关问题，保障鉴定人依法履行出庭作证义务。

十四、司法行政机关接到人民法院有关鉴定人无正当理由拒不出庭的通报、司法建议，或公民、法人和其他组织有关投诉、举报的，要依法进行调查处理。

在调查中发现鉴定人存在经人民法院依法通知，拒绝出庭作证情形的，要依法给予其停止从事司法鉴定业务三个月以上一年以下的处罚；情节严重的，撤销登记。

十五、司法鉴定行业协会要根据本指导意见，制定鉴定人出庭作证的行业规范，加强鉴定人出庭作证行业自律管理。

十六、本指导意见自公布之日起实施。

司法部关于印发《法医类司法鉴定执业分类规定》的通知

（2020 年 5 月 14 日　司规〔2020〕3 号）

各省、自治区、直辖市司法厅（局），新疆生产建设兵团司法局：

《法医类司法鉴定执业分类规定》已经 2020 年 5 月 9 日第 20 次部长办公会议审议通过，现予印发，请认真贯彻执行。

法医类司法鉴定执业分类规定

第一章　总　　则

第一条　为规范法医类司法鉴定机构和鉴定人的执业活动，根据《全国人民代表大会常务委员会关于司法鉴定管理问题的决定》等规定，结合司法鉴定工作实际制定本规定。

第二条　法医类司法鉴定是指在诉讼活动中法医学各专业鉴定人运用科学技术或者专门知识，对诉讼涉及的专门性问题进行鉴别和判断并提供鉴定意见的活动。

第三条　法医类司法鉴定依据所解决的专门性问题分为法医病理鉴定、法医临床鉴定、法医精神病鉴定、法医物证鉴定、法医毒物鉴定等。

第二章　法医病理鉴定

第四条　法医病理鉴定是指鉴定人运用法医病理学的科学技术或者专门知识,对与法律问题有关的人身伤、残、病、死及死后变化等专门性问题进行鉴别和判断并提供鉴定意见的活动。

法医病理鉴定包括死亡原因鉴定,死亡方式判断,死亡时间推断,损伤时间推断,致伤物推断,成伤机制分析,医疗损害鉴定以及与死亡原因相关的其他法医病理鉴定等。

第五条　死亡原因鉴定。依据法医病理学尸体检验等相关标准,基于具体案件鉴定中的检材情况、委托人的要求以及死者的民族习惯等,按照所采用的检查方法进行死亡原因鉴定或分析。死亡原因鉴定通常有以下类型:

尸体解剖,死亡原因鉴定。通过进行系统尸体解剖检验(包括但不限于颅腔、胸腔、腹腔等);提取病理检材,对各器官进行大体检验和显微组织病理学检验;提取尸体相关体液或组织进行毒、药物检验,或者其他实验室检验(必要时)。根据上述尸体解剖检验和必要的实验室检验结果,结合案情资料及其他书证材料,对死亡原因等进行鉴定。

尸表检验,死亡原因分析。通过对尸体衣着、体表进行检验,必要时进行尸体影像学检查或提取相关体液检材进行毒、药物检验等。根据上述检验结果,并结合案情资料等对死亡原因等进行分析。

器官/切片检验,死亡原因分析。因鉴定条件所限,缺少尸体材料时(如:再次鉴定时尸体已处理),可以通过对送检器官/组织切片进行法医病理学检验与诊断,并结合尸体检验记录和照片、毒物检验结果以及案情资料、书证材料等,进行死亡原因分析。

第六条　器官组织法医病理学检验与诊断。通过对人体器官/组织切片进行大体检验和(或)显微组织病理学检验,依据法医病理学专业知识分析、判断,作出法医病理学诊断意见。

第七条 死亡方式判断。通过案情调查、现场勘验、尸体检验及相关实验室检验/检测等资料综合分析,判断死者的死亡方式是自然死亡还是他杀、自杀、意外死亡,或者死亡方式不确定。

第八条 死亡时间推断。依据尸体现象及其变化规律推断死亡时间;依据胃、肠内容物的量和消化程度推断死亡距最后一次用餐的经历时间;利用生物化学方法,检测体液内化学物质或大分子物质浓度变化等推断死亡时间;利用光谱学、基因组学等技术推断死亡时间;依据法医昆虫学嗜尸性昆虫的发育周期及其演替规律推断死亡时间等。

第九条 损伤时间推断。在鉴别生前伤与死后伤的基础上,通过对损伤组织的大体观察和镜下组织病理学检查,依据生前损伤组织修复、愈合、炎症反应等形态学改变,对损伤时间进行推断;利用免疫组织化学和分子生物学等技术,依据生前损伤组织大分子活性物质变化规律等,对伤后存活时间进行推断。

第十条 致伤物推断。依据人体损伤形态特征、微量物证及DNA分型检验结果等,结合案情、现场勘验及可疑致伤物特征,对致伤物的类型、大小、质地、重量及作用面形状等进行分析,推断致伤物。

第十一条 成伤机制分析。依据人体损伤的形态、大小、方向、分布等损伤特征,结合案情、现场勘验及可疑致伤物特征,对损伤是如何形成的进行分析、判断。

第十二条 医疗损害鉴定。应用法医病理学鉴定理论知识、临床医学理论知识和诊疗规范等,对涉及病理诊断和/或死亡后果等情形的医疗纠纷案件进行鉴定。判断诊疗行为有无过错;诊疗行为与死者死亡后果之间是否存在因果关系以及过错原因力大小等。

第十三条 与死亡原因相关的其他法医病理鉴定。包括但不限于组织切片特殊染色、尸体影像学检查、组织器官硅藻检验、尸体骨骼的性别和年龄推断等。

第三章　法医临床鉴定

第十四条　法医临床鉴定是指鉴定人运用法医临床学的科学技术或者专门知识,对诉讼涉及的与法律有关的人体损伤、残疾、生理功能、病理生理状况及其他相关的医学问题进行鉴别和判断并提供鉴定意见的活动。

法医临床鉴定包括人体损伤程度鉴定,人体残疾等级鉴定,赔偿相关鉴定,人体功能评定,性侵犯与性别鉴定,诈伤、诈病、造作伤鉴定,医疗损害鉴定,骨龄鉴定及与损伤相关的其他法医临床鉴定等。

第十五条　人体损伤程度鉴定。依据相关标准规定的各类致伤因素所致人身损害的等级划分,对损伤伤情的严重程度进行鉴定。

第十六条　人体残疾等级鉴定。依据相关标准规定的各类损伤(疾病)后遗人体组织器官结构破坏或者功能障碍所对应的等级划分,对后遗症的严重程度及其相关的劳动能力等事项进行鉴定。

第十七条　赔偿相关鉴定。依据相关标准或者法医临床学的一般原则,对人体损伤、残疾有关的赔偿事项进行鉴定。包括医疗终结时间鉴定,人身损害休息(误工)期、护理期、营养期的鉴定,定残后护理依赖、医疗依赖、营养依赖的鉴定,后续诊疗项目的鉴定,诊疗合理性和相关性的鉴定。

第十八条　人体功能评定。依据相关标准,在活体检查与实验室检验的基础上,必要时结合伤(病)情资料,对视觉功能、听觉功能、男性性功能与生育功能、嗅觉功能及前庭平衡功能进行综合评定。

第十九条　性侵犯与性别鉴定。采用法医临床学及临床医学相关学科的理论与技术,对强奸、猥亵、性虐待等非法性侵犯和反常性行为所涉专门性问题进行鉴定,以及对性别(第二性征)进行鉴定。

第二十条　诈伤、诈病、造作伤鉴定。采用法医临床学的理论与技术,对诈称(夸大)损伤、诈称(夸大)疾病以及人为造成的身体损伤进行鉴定。

第二十一条 医疗损害鉴定。应用法医临床学与临床医学相关学科的理论与技术，对医疗机构实施的诊疗行为有无过错、诊疗行为与患者损害后果之间是否存在因果关系及其原因力大小的鉴定，还包括对医疗机构是否尽到了说明义务、取得患者或者患者近亲属书面同意义务的鉴定(不涉及病理诊断或死亡原因鉴定)。

第二十二条 骨龄鉴定。通过个体骨骼的放射影像学特征对青少年的骨骼年龄进行推断。

第二十三条 与人体损伤相关的其他法医临床鉴定。采用法医临床学及其相关自然科学学科的理论与技术，对人体损伤(疾病)所涉及的除上述以外其他专门性问题的鉴定。包括损伤判定、损伤时间推断、成伤机制分析与致伤物推断、影像资料的同一性认定，以及各种致伤因素造成的人身损害与疾病之间因果关系和原因力大小的鉴定等。

第四章 法医精神病鉴定

第二十四条 法医精神病鉴定是指运用法医精神病学的科学技术或者专门知识，对涉及法律问题的被鉴定人的精神状态、行为/法律能力、精神损伤及精神伤残等专门性问题进行鉴别和判断并提供鉴定意见的活动。

法医精神病鉴定包括精神状态鉴定、刑事类行为能力鉴定、民事类行为能力鉴定、其他类行为能力鉴定、精神损伤类鉴定、医疗损害鉴定、危险性评估、精神障碍医学鉴定以及与心理、精神相关的其他法医精神病鉴定等。

第二十五条 精神状态鉴定。对感知、思维、情感、行为、意志及智力等精神活动状态的评估。包括有无精神障碍(含智能障碍)及精神障碍的分类。

第二十六条 刑事类行为能力鉴定。对涉及犯罪嫌疑人或被告人、服刑人员以及强奸案件中被害人的行为能力进行鉴定。包括刑事责任能力、受审能力、服刑能力(含是否适合收监)、性自我防卫能力鉴定等。

第二十七条 民事类行为能力鉴定。对涉及民事诉讼活动中相关行为能力进行鉴定。包括民事行为能力、诉讼能力鉴定等。

第二十八条 其他类行为能力鉴定。对涉及行政案件的违法者(包括吸毒人员)、各类案件的证人及其他情形下的行为能力进行鉴定。包括受处罚能力,是否适合强制隔离戒毒,作证能力及其他行为能力鉴定等。

第二十九条 精神损伤类鉴定。对因伤或因病致劳动能力丧失及其丧失程度,对各类致伤因素所致人体损害后果的等级划分,及损伤伤情的严重程度进行鉴定。包括劳动能力,伤害事件与精神障碍间因果关系,精神损伤程度,伤残程度,休息期(误工期)、营养期、护理期及护理依赖程度等鉴定。

第三十条 医疗损害鉴定。对医疗机构实施的精神障碍诊疗行为有无过错、诊疗行为与损害后果间是否存在因果关系及原因力大小进行鉴定。

第三十一条 危险性评估。适用于依法不负刑事责任精神病人的强制医疗程序,包括对其被决定强制医疗前或解除强制医疗时的暴力危险性进行评估。

第三十二条 精神障碍医学鉴定。对疑似严重精神障碍患者是否符合精神卫生法规定的非自愿住院治疗条件进行评估。

第三十三条 与心理、精神相关的其他法医精神病鉴定或测试。包括但不限于强制隔离戒毒适合性评估、多道心理生理测试(测谎)、心理评估等。

第五章 法医物证鉴定

第三十四条 法医物证鉴定是指鉴定人运用法医物证学的科学

技术或者专门知识，对各类生物检材进行鉴别和判断并提供鉴定意见的活动。

法医物证鉴定包括个体识别，三联体亲子关系鉴定，二联体亲子关系鉴定，亲缘关系鉴定，生物检材种属和组织来源鉴定，生物检材来源生物地理溯源，生物检材来源个体表型推断，生物检材来源个体年龄推断以及与非人源生物检材相关的其他法医物证鉴定等。

第三十五条 个体识别。对生物检材进行性别检测、常染色体 STR 检测、Y 染色体 STR 检测、X 染色体 STR 检测、线粒体 DNA 检测等，以判断两个或多个生物检材是否来源于同一个体。

第三十六条 三联体亲子关系鉴定。对生物检材进行常染色体 STR 检测、Y 染色体 STR 检测、X 染色体 STR 检测等，以判断生母、孩子与被检父或者生父、孩子与被检母之间的亲缘关系。

第三十七条 二联体亲子关系鉴定。对生物检材进行常染色体 STR 检测、Y 染色体 STR 检测、X 染色体 STR 检测、线粒体 DNA 检测等，以判断被检父与孩子或者被检母与孩子之间的亲缘关系。

第三十八条 亲缘关系鉴定。对生物检材进行 STR 检测、SNP 检测、线粒体 DNA 检测等，以判断被检个体之间的同胞关系、祖孙关系等亲缘关系。

第三十九条 生物检材种属和组织来源鉴定。对可疑血液、精液、唾液、阴道液、汗液、羊水、组织/器官等各类生物检材及其斑痕进行细胞学检测、免疫学检测、DNA 检测、RNA 检测等，以判断其种属、组织类型或来源。

第四十条 生物检材来源生物地理溯源。对生物检材进行祖先信息遗传标记检测，以推断被检个体的生物地理来源。

第四十一条 生物检材来源个体表型推断。对生物检材进行生物表型信息遗传标记检测，以推断被检个体容貌、身高等生物表型或其它个体特征信息。

第四十二条 生物检材来源个体年龄推断。对体液（斑）、组织等检材进行生物年龄标志物检测，以推断被检个体的生物学年龄。

第四十三条 与非人源生物检材相关的其他法医物证鉴定。包括但不限于对来自动物、植物、微生物等非人源样本进行同一性鉴识、种属鉴定以及亲缘关系鉴定等。

第六章 法医毒物鉴定

第四十四条 法医毒物鉴定是指鉴定人运用法医毒物学的科学技术或者专门知识,对体内外药毒物、毒品及代谢物进行定性、定量分析,并提供鉴定意见的活动。

法医毒物鉴定包括气体毒物鉴定,挥发性毒物鉴定,合成药毒物鉴定,天然药毒物鉴定,毒品鉴定,易制毒化学品鉴定,杀虫剂鉴定,除草剂鉴定,杀鼠剂鉴定,金属毒物类鉴定,水溶性无机毒物类鉴定以及与毒物相关的其他法医毒物鉴定等。

第四十五条 气体毒物鉴定。鉴定检材中是否含有一氧化碳、硫化氢、磷化氢、液化石油气等气体毒物或其体内代谢物;气体毒物及代谢物的定量分析。

第四十六条 挥发性毒物鉴定。鉴定检材中是否含有氢氰酸、氰化物、含氰苷类、醇类、苯及其衍生物等挥发性毒物或其体内代谢物;挥发性毒物及代谢物的定量分析。

第四十七条 合成药毒物鉴定。鉴定检材中是否含有苯二氮卓类药物、巴比妥类药物、吩噻嗪类药物、抗精神病药物、临床麻醉药、抗生素、甾体激素等化学合成或半合成的药物或其体内代谢物;合成药毒物及代谢物的定量分析。

第四十八条 天然药毒物鉴定。鉴定检材中是否含有乌头生物碱、颠茄生物碱、钩吻生物碱、雷公藤甲素、雷公藤酯甲等植物毒物成分或其体内代谢物,以及检材中是否含有斑蝥素、河豚毒素、蟾蜍毒素等动物毒物成分或其体内代谢物;天然药毒物及代谢物的定量分析。

第四十九条 毒品鉴定。鉴定检材中是否含有阿片类、苯丙胺类兴奋剂、大麻类、可卡因、氯胺酮、合成大麻素类、卡西酮类、芬太尼类、哌嗪类、色胺类等毒品或其体内代谢物;毒品及代谢物的定量分析。

第五十条　易制毒化学品鉴定。鉴定检材中是否含有1-苯基-2-丙酮、苯乙酸、甲苯等易制毒化学品;易制毒化学品的定量分析。

第五十一条　杀虫剂鉴定。鉴定检材中是否含有有机磷杀虫剂、氨基甲酸酯类杀虫剂、拟除虫菊酯类杀虫剂等杀虫剂或其体内代谢物;杀虫剂及代谢物的定量分析。

第五十二条　除草剂鉴定。鉴定检材中是否含有百草枯、敌草快、草甘膦等除草剂或其体内代谢物,除草剂及代谢物的定量分析。

第五十三条　杀鼠剂鉴定。鉴定检材中是否含有香豆素类、茚满二酮类、有机氟类、有机磷类、氨基甲酸酯类等有机合成杀鼠剂、无机杀鼠剂、天然植物性杀鼠剂成分等杀鼠剂或其体内代谢物;杀鼠剂及代谢物的定量分析。

第五十四条　金属毒物鉴定。鉴定检材中是否含有砷、汞、钡、铅、铬、铊、镉等金属、类金属及其化合物;金属毒物的定量分析。

第五十五条　水溶性无机毒物鉴定。鉴定检材中是否含有亚硝酸盐、强酸、强碱等水溶性无机毒物,水溶性无机毒物的定量分析。

第五十六条　与毒物相关的其他法医毒物鉴定,包括但不限于定性、定量分析结果的解释,如对毒物在体内的存在形式、代谢过程、检出时限的解释等。

第七章　附　　则

第五十七条　本规定自公布之日起施行。

附表

法医类司法鉴定执业分类目录

序号	领域	分领域及项目
01	法医病理鉴定	0101 死亡原因鉴定 010101 尸体解剖,死亡原因鉴定 010102 尸表检验,死亡原因分析 010103 器官/切片检验,死亡原因分析
		0102 器官组织法医病理学检验与诊断
		0103 死亡方式判断
		0104 死亡时间推断
		0105 损伤时间推断
		0106 致伤物推断
		0107 成伤机制分析
		0108 医疗损害鉴定
		0109 与死亡原因相关的其他法医病理鉴定
02	法医临床鉴定	0201 人体损伤程度鉴定
		0202 人体残疾等级鉴定
		0203 赔偿相关鉴定
		0204 人体功能评定 020401 视觉功能 020402 听觉功能 020403 男性性功能与生育功能 020404 嗅觉功能 020405 前庭平衡功能
		0205 性侵犯与性别鉴定

续表

序号	领域	分领域及项目
02	法医临床鉴定	0206 诈伤、诈病、造作伤鉴定
		0207 医疗损害鉴定
		0208 骨龄鉴定
		0209 与人体损伤相关的其他法医临床鉴定
03	法医精神病鉴定	0301 精神状态鉴定
		0302 刑事类行为能力鉴定
		0303 民事类行为能力鉴定
		0304 其他类行为能力鉴定
		0305 精神损伤类鉴定
		0306 医疗损害鉴定
		0307 危险性评估
		0308 精神障碍医学鉴定
		0309 与心理、精神相关的其他法医精神病鉴定或测试
04	法医物证鉴定	0401 个体识别
		0402 三联体亲子关系鉴定
		0403 二联体亲子关系鉴定
		0404 亲缘关系鉴定
		0405 生物检材种属和组织来源鉴定
		0406 生物检材来源生物地理溯源
		0407 生物检材来源个体表型推断
		0408 生物检材来源个体年龄推断
		0409 与非人源生物检材相关的其他法医物证鉴定

续表

序号	领域	分领域及项目
05	法医毒物鉴定	0501 气体毒物鉴定
		0502 挥发性毒物鉴定
		0503 合成药毒物鉴定
		0504 天然药毒物鉴定
		0505 毒品鉴定
		0506 易制毒化学品鉴定
		0507 杀虫剂鉴定
		0508 除草剂鉴定
		0509 杀鼠剂鉴定
		0510 金属毒物鉴定
		0511 水溶性无机毒物鉴定
		0512 与毒物相关的其他法医毒物鉴定

司法部印发《关于〈司法鉴定机构登记管理办法〉第二十条、〈司法鉴定人登记管理办法〉第十五条的解释》的通知

（2020 年 6 月 5 日　司规〔2020〕4 号）

各省、自治区、直辖市司法厅（局），新疆生产建设兵团司法局：

《关于〈司法鉴定机构登记管理办法〉第二十条、〈司法鉴定人登记管理办法〉第十五条的解释》已经 2020 年 6 月 3 日第 22 次部长办公会议审议通过，现予印发，请认真贯彻执行。

关于《司法鉴定机构登记管理办法》第二十条、《司法鉴定人登记管理办法》第十五条的解释

为贯彻落实中共中央办公厅、国务院办公厅《关于健全统一司法鉴定管理体制的实施意见》有关要求，根据《规章制定程序条例》第三十三条的规定，对《司法鉴定机构登记管理办法》第二十条和《司法鉴定人登记管理办法》第十五条中关于登记审核工作有关问题解释如下：

一、法人或者其他组织、个人申请从事司法鉴定业务的，司法行

政机关在受理申请后,应当对其提交的申请材料是否齐全、是否符合法定形式进行审查,对法人或者其他组织是否符合准入条件、对个人是否具备执业能力等实质内容进行核实。核实的方式包括组织专家对法人或者其他组织进行评审,以及对个人进行考核等。

二、本解释自公布之日起实施。

司法部办公厅关于印发《司法鉴定机构鉴定人记录和报告干预司法鉴定活动的有关规定》的通知

（2020年6月8日　司办通〔2020〕56号）

各省、自治区、直辖市司法厅（局），新疆生产建设兵团司法局：

司法鉴定制度是解决诉讼涉及的专门性问题、帮助司法机关查明案件事实的司法保障制度，对于维护社会公平正义、全面推进依法治国具有重要意义。为深入贯彻落实中办、国办《关于健全统一司法鉴定管理体制的实施意见》，进一步健全鉴定人负责制，依法保障鉴定人独立、客观、规范开展鉴定工作，我们根据有关法律法规、规章和规范性文件，结合司法鉴定工作实际，制定了《司法鉴定机构、鉴定人记录和报告干预司法鉴定活动的有关规定》，现予印发，请认真遵照执行。

各省（区、市）司法厅（局）要认真组织司法鉴定机构和鉴定人学习贯彻本规定，为鉴定人独立进行鉴定提供保障条件。要细化工作措施，建立定期检查、情况通报和报告制度。遇有重要情况，请及时请示报告。

司法鉴定机构　鉴定人记录和报告干预司法鉴定活动的有关规定

第一条　为深入贯彻落实中办、国办《关于健全统一司法鉴定管理体制的实施意见》,依法保障鉴定人独立开展鉴定工作,让人民群众在每一起鉴定案件中都能感受到公平正义,根据《全国人民代表大会常务委员会关于司法鉴定管理问题的决定》等有关规定,结合司法鉴定工作实际,制定本规定。

第二条　鉴定人独立进行鉴定活动,不受任何组织和个人干预。

第三条　有下列情形之一的,属于干预司法鉴定活动:

(一)为当事人请托说情的;

(二)邀请鉴定人或者鉴定机构其他人员私下会见司法鉴定委托人、当事人及其代理人、辩护律师、近亲属以及其他与案件有利害关系的人的;

(三)明示、暗示或强迫鉴定人或者鉴定机构其他人员违规受理案件、出具特定鉴定意见、终止鉴定的;

(四)其他影响鉴定人独立进行鉴定的情形。

第四条　干预司法鉴定活动实行零报告制度。对于有本规定第三条规定情形的,鉴定人或者鉴定机构其他人员应当及时固定相关证据,填写《干预司法鉴定活动记录表》(见附件)并签名、存入司法鉴定业务档案,做到全程留痕,有据可查。

没有本规定第三条规定情形的,应当在《干预司法鉴定活动记录表》中勾选"无此类情况"并签名、存入司法鉴定业务档案。

第五条　鉴定人或者鉴定机构其他人员应当及时将干预司法鉴定活动情况报所在司法鉴定机构。

对于鉴定机构负责人有本规定第三条规定情形的，鉴定人或者鉴定机构其他人员可以直接向主管该鉴定机构的司法行政机关报告。

对于鉴定机构其他人员有本规定第三条规定情形，造成严重后果的，鉴定人或者鉴定机构可以直接向主管该鉴定机构的司法行政机关报告。

第六条　司法鉴定机构收到报告后，对于鉴定机构内部人员干预司法鉴定活动的，依据本机构章程等规定予以处理；对于鉴定机构外部人员干预司法鉴定活动的，及时向主管该鉴定机构的司法行政机关报告。

第七条　司法鉴定机构及其工作人员应当严格遵守本规定，做好干预司法鉴定活动记录和报告等工作。

司法鉴定机构应当充分发挥党组织职能作用，加强党员教育管理。对于党员干预司法鉴定活动的，除根据本规定第六条给予处理外，还应当依规依纪进行处理。

第八条　司法行政机关收到报告后，应当按照下列不同情形，分别作出处理：

（一）符合第五条第二款、第三款规定情形的鉴定机构内部人员干预司法鉴定活动的，由主管该机构的司法行政机关调查处理；

（二）司法行政机关工作人员干预司法鉴定活动的，由其所在的司法行政机关依法处理；

（三）司法机关、行政执法机关等委托人及其工作人员干预司法鉴定活动的，应当向其上级机关或者主管单位进行通报；

（四）其他机关或组织的工作人员干预司法鉴定活动的，向其主管单位或者上级机关通报；

（五）其他个人干预司法鉴定活动的，将有关情况告知司法机关、行政执法机关等委托人。

其中，存在第（一）（二）（四）项情况的，应当一并告知司法机关、行政执法机关等委托人。

第九条　鉴定人或者鉴定机构其他人员如实记录和报告干预司

法鉴定活动情况，受法律和组织保护。对记录和报告人员打击报复的，依法依规严肃处理；构成犯罪的，依法追究刑事责任。

第十条 司法行政机关、司法鉴定机构及其工作人员不得泄露其知悉的记录和报告干预司法鉴定活动有关情况。

第十一条 有下列情形之一的，由司法行政机关责令改正，并记入其诚信档案；两次以上不记录或者不如实记录、报告的，予以训诫、通报批评：

（一）鉴定人未如实记录、报告干预司法鉴定活动情况的；

（二）鉴定机构负责人授意不记录、报告或者不如实记录、报告干预司法鉴定活动情况的；

（三）其他违反本规定的情形。

第十二条 本规定自 2020 年 7 月 1 日起施行。

附件：干预司法鉴定活动记录表

附件

干预司法鉴定活动记录表

案件编号	
鉴定事项	
情况 记录	□无此类情况 干预人：□委托人　□案件当事人或其代理人 □鉴定机构内部人员　□司法行政机关工作人员 □其他________ 干预内容：□请托说情　□干预鉴定程序 □干预鉴定意见　□其他________ 具体情况： 鉴定人或其他人员签名：　　　　年　月　日

续表

情况 记录	□无此类情况 干预人:□案件当事人或其代理人　□鉴定机构内部人员 　　　　□司法行政机关工作人员　□其他____________ 干预内容:□请托说情　□干预鉴定程序 　　　　　□干预鉴定意见　　□其他________________ 具体情况: 鉴定人或其他人员签名:　　　　　　　　年　　月　　日
备注	

注:多于2名鉴定人或其他人员的案件,请自行增加附表。

司法部关于印发《物证类司法鉴定执业分类规定》《声像资料司法鉴定执业分类规定》的通知

(2020年6月23日 司规〔2020〕5号)

各省、自治区、直辖市司法厅(局),新疆生产建设兵团司法局:

《物证类司法鉴定执业分类规定》《声像资料司法鉴定执业分类规定》已经司法部2020年6月19日第23次部长办公会议审议通过,现予印发,请认真贯彻执行。

物证类司法鉴定执业分类规定

第一章 总 则

第一条 为规范物证类司法鉴定机构和鉴定人的执业活动,根据《全国人民代表大会常务委员会关于司法鉴定管理问题的决定》等规定,结合司法鉴定工作实际制定本规定。

第二条 物证类司法鉴定是在诉讼活动中鉴定人运用物理学、化学、文件检验学、痕迹检验学、理化检验技术等原理、方法和专门知识,对文书物证、痕迹物证、微量物证等涉及的专门性问题进行鉴别和判断并提供鉴定意见的活动。

第三条 物证类司法鉴定解决的专门性问题包括:文书物证的书写人、制作工具、制作材料、制作方法,及其内容、性质、状态、形成过程、制作时间等鉴定;痕迹物证的勘验提取,造痕体和承痕体的性质、状况及其形成痕迹的同一性、形成原因、形成过程、相互关系等鉴定;微量物证的物理性质、化学性质和成分组成等鉴定。

第二章 文书鉴定

第四条 文书鉴定是指鉴定人运用文件检验学的理论、方法和专门知识,对可疑文件(检材)的书写人、制作工具、制作材料、制作方法、内容、性质、状态、形成过程、制作时间等问题进行检验检测、分析鉴别和判断并提供鉴定意见的活动。

文书鉴定包括笔迹鉴定、印章印文鉴定、印刷文件鉴定、篡改(污损)文件鉴定、文件形成方式鉴定、特种文件鉴定、朱墨时序鉴定、文件材料鉴定、基于痕迹特征的文件形成时间鉴定、基于材料特性的文件形成时间鉴定、文本内容鉴定等。

第五条 笔迹鉴定。包括依据笔迹同一性鉴定标准,必要时结合笔迹形成方式的检验鉴定结果,判断检材之间或检材与样本之间的笔迹是否同一人书写或者是否出自于同一人。

第六条 印章印文鉴定。包括依据印章印文同一性鉴定标准,必要时结合印文形成方式的检验鉴定结果,判断检材之间或检材与样本之间的印文是否同一枚印章盖印或者是否出自于同一枚印章。

第七条 印刷文件鉴定。包括依据印刷方式鉴定标准判断检材是何种印刷方式印制形成,如制版印刷中的凹、凸、平、孔版印刷等,现代办公机具印刷中的复印、打印、传真等;依据印刷机具种类鉴定标准判断检材是何种机具印制形成;依据印刷机具或印版同一性鉴定标准判断检材之间或检材与样本之间是否同一机具或同一印版印制形成等。

第八条 篡改(污损)文件鉴定。包括依据变造文件鉴定标准判断检材是否存在添改、刮擦、拼凑、掩盖、换页、密封、消退、伪老化等变造现象；依据污损文件鉴定标准对破损、烧毁、浸损等污损检材进行清洁整理、整复固定、显现和辨识原始内容等；依据模糊记载鉴定标准对检材褪色记载、无色记载等模糊记载内容进行显现和辨识；依据压痕鉴定标准对检材压痕内容进行显现和辨识等。

第九条 文件形成方式鉴定。包括依据笔迹形成方式鉴定标准判断检材笔迹是书写形成还是复制形成；依据印章印文形成方式鉴定标准判断检材印文是盖印形成还是复制形成；依据指印形成方式鉴定标准判断文件上有色检材指印是否复制形成等。

第十条 特种文件鉴定。包括依据特种文件鉴定标准判断检材货币、证照、票据、商标、银行卡及其他安全标记等的真伪。

第十一条 朱墨时序鉴定。包括依据朱墨时序鉴定标准判断检材上文字、印文、指印等之间的形成先后顺序。

第十二条 文件材料鉴定。包括依据文件材料鉴定标准对需检纸张、墨水墨迹、油墨墨迹、墨粉墨迹、粘合剂等文件材料的特性进行检验检测及比较检验等。

第十三条 基于痕迹特征的文件形成时间鉴定。包括依据印章印文盖印时间鉴定标准判断检材印文的盖印时间；依据打印文件印制时间鉴定标准判断检材打印文件的打印时间；依据静电复印文件印制时间鉴定标准判断检材静电复印文件的复印时间；依据检材某要素的发明、生产时间或时间标记信息判断其文件要素的形成时间等。

第十四条 基于材料特性的文件形成时间鉴定。包括综合运用光谱、色谱、质谱等仪器检测分析技术，根据墨水墨迹、油墨墨迹、墨粉墨迹、印文色料、纸张等文件材料的某种（些）理化特性随时间的变化规律，依据相应的判定方法，分析判断检材的形成时间。

第十五条 文本内容鉴定。包括通过书面言语分析，判断检材文本作者的地域、年龄、文化程度、职业等属性；通过文本格式、内容、书面言语特征等的比较检验，分析判断检材之间或检材与样本之间文本的相互关系等。

第三章　痕迹鉴定

第十六条　痕迹鉴定是指鉴定人运用痕迹检验学的理论、方法和专门知识,对痕迹物证进行勘验提取,并对其性质、状况及其形成痕迹的同一性、形成原因、形成过程、相互关系等进行检验检测、分析鉴别和判断并提供鉴定意见的活动。

痕迹鉴定包括手印鉴定、潜在手印显现、足迹鉴定、工具痕迹鉴定、整体分离痕迹鉴定、枪弹痕迹鉴定、爆炸痕迹鉴定、火灾痕迹鉴定、人体特殊痕迹鉴定、日用物品损坏痕迹鉴定、交通事故痕迹物证鉴定等。

第十七条　手印鉴定。包括通过比较检验判断检材之间或检材与样本之间的指印是否同一;通过比较检验判断检材之间或检材与样本之间的掌印是否同一;通过对检材指掌印的检验判断其形成过程。

第十八条　潜在手印显现。包括使用物理学、化学或专用设备等方法显色增强潜在手印。

第十九条　足迹鉴定。包括通过比较检验判断检材之间或检材与样本之间的赤足印是否同一;通过比较检验判断检材之间或检材与样本之间的鞋、袜印是否同一。

第二十条　工具痕迹鉴定。包括通过勘查和检验判断检材线形痕迹、凹陷痕迹、断裂变形痕迹等的形成原因;通过比较检验判断检材线形痕迹、凹陷痕迹、断裂变形痕迹等是否为某一造痕体形成。

第二十一条　整体分离痕迹鉴定。包括通过检验判断分离物体之间是否存在整体分离关系。

第二十二条　枪弹痕迹鉴定。包括枪械射击弹头/弹壳痕迹检验、枪弹识别检验、枪支性能检验、利用射击弹头/弹壳痕迹认定发射枪支检验、利用射击弹头/弹壳痕迹认定发射枪种检验、枪击弹孔检验、枪支号码显现,以及通过对枪击现场的勘查和检验分析,必要时结合所涉射击残留物的理化特性检验检测结果,综合判断枪击事件中痕迹的形成过程及与事件之间的因果关系等。

第二十三条 爆炸痕迹鉴定。包括炸药爆炸力及炸药量检验、雷管及导火(爆)索检验、爆炸装置检验,以及通过对爆炸现场的勘查和检验分析,必要时结合所涉爆炸物的理化特性检验检测结果,综合判断爆炸事件中痕迹的形成过程及与事件之间的因果关系等。

第二十四条 火灾痕迹鉴定。包括通过火灾现场、监控信息等,对现场烟熏痕迹、倒塌痕迹、炭化痕迹、变形变色痕迹、熔化痕迹以及其他燃烧残留物进行勘查和检验分析,必要时结合火灾微量物证鉴定结果,综合判断火灾事故中痕迹形成过程及与事故之间的因果关系等。

第二十五条 人体特殊痕迹鉴定。包括除手印、脚印外的其他人体部位形成的痕迹鉴定,如牙齿痕迹鉴定、唇纹痕迹鉴定、耳廓痕迹鉴定等。

第二十六条 日用物品损坏痕迹鉴定。包括运用痕迹检验学的原理和技术方法,必要时结合所涉日用物品材料的理化特性检验检测结果,对日常生活中使用的玻璃物品、纺织物品、陶瓷物品、塑料物品、金属物品等的损坏痕迹的形态进行勘验和检验分析,综合判断其损坏原因。

第二十七条 交通事故痕迹物证鉴定。包括车辆安全技术状况鉴定;交通设施安全技术状况鉴定;交通事故痕迹鉴定;车辆速度鉴定;交通事故痕迹物证综合鉴定等。非交通事故的相关鉴定可参照本条款。

交通事故痕迹物证鉴定包括的具体项目内容如下:

(一)车辆安全技术状况鉴定。包括判断涉案车辆的类型(如机动车、非机动车);对车辆安全技术状况进行检验;判断车辆相关技术状况或性能的符合性(如制动系、转向系、行驶系、灯光、信号装置等)。

(二)交通设施安全技术状况鉴定。包括对交通事故现场或事故发生地点等相关区域进行勘查、测量;对路基、路面、桥涵、隧道、交通工程及沿线交通附属设施的安全技术状况进行检验(如道路线形、护栏、标志、标线等);判断事故相关区域交通设施的技术状况或性能的符合性(如材料、设置位置、几何尺寸、力学性能等)。

(三)交通事故痕迹鉴定。包括通过对涉案车辆唯一性检查,对涉案车辆、交通设施、人员及穿戴物等为承痕体、造痕体的痕迹和整体分离痕迹进行检验分析,必要时结合交通事故微量物证鉴定、法医学鉴定等结果,判断痕迹的形成过程和原因(如是否发生过接触碰撞、接触碰撞部位和形态等)。

(四)车辆速度鉴定。运用动力学、运动学、经验公式、模拟实验等方法,根据道路交通事故现场痕迹和资料、视频图像、车辆行驶记录信息等,判断事故瞬间速度(如碰撞、倾覆或坠落等瞬间的速度),采取避险措施时的速度(如采取制动、转向等避险措施时的速度),在某段距离、时间或过程的平均行驶速度及速度变化状态等。

(五)交通事故痕迹物证综合鉴定。基于以上交通事故痕迹物证鉴定项目的检验鉴定结果,必要时结合交通事故微量物证鉴定、声像资料鉴定、法医学鉴定等结果,综合判断涉案人员、车辆、设施等交通要素在事故过程中的状态、痕迹物证形成过程及原因等,包括交通行为方式、交通信号灯指示状态、事故车辆起火原因、轮胎破损原因等。

第四章　微量物证鉴定

第二十八条　微量物证鉴定简称微量鉴定,是指鉴定人运用理化检验的原理、方法或专门知识,使用专门的分析仪器,对物质的物理性质、化学性质和成分组成进行检验检测和分析判断并提供鉴定意见的活动。其中,物理性质包括物质的外观、重量、密度、力学性质、热学性质、光学性质和电磁学性质等;化学性质包括物质的可燃性、助燃性、稳定性、不稳定性、热稳定性、酸性、碱性、氧化性和还原性等;成分组成包括物质中所含有机物、无机物的种类和含量等。

微量物证鉴定包括化工产品类鉴定、金属和矿物类鉴定、纺织品类鉴定、日用化学品类鉴定、文化用品类鉴定、食品类鉴定、易燃物质类鉴定、爆炸物类鉴定、射击残留物类鉴定、交通事故微量物证鉴定和火灾微量物证鉴定。

第二十九条 化工产品类鉴定。包括塑料、橡胶、涂料(油漆)、玻璃、陶瓷、胶黏剂、填料、化学试剂以及化工原料、化工中间体、化工成品等的物理性质、化学性质和成分组成的检验检测,以及上述材料的比较检验和种类判别。

第三十条 金属和矿物类鉴定。包括金属、合金、泥土、砂石、灰尘等的物理性质、化学性质和成分组成的检验检测,以及上述材料的比较检验和种类判别。

第三十一条 纺织品类鉴定。包括纤维、织物等的物理性质、化学性质和成分组成的检验检测,以及上述材料的比较检验和种类判别。

第三十二条 日用化学品类鉴定。包括洗涤剂、化妆品、香精香料等的物理性质、化学性质和成分组成的检验检测,以及上述材料的比较检验和种类判别。

第三十三条 文化用品类鉴定。包括墨水、油墨、墨粉、纸张、粘合剂等的物理性质、化学性质和成分组成的检验检测,以及上述材料的比较检验和种类判别。

第三十四条 食品类鉴定。包括食品的营养成分、重金属、添加剂、药物残留、毒素、微生物等的检验检测。

第三十五条 易燃物质类鉴定。包括易燃气体、易燃液体和易燃固体及其残留物的物理性质、化学性质和成分组成的检验检测,以及上述材料的比较检验和种类判别。

第三十六条 爆炸物类鉴定。包括易爆物质及其爆炸残留物的物理性质、化学性质和成分组成的检验检测,以及上述材料的比较检验和种类判别。

第三十七条 射击残留物类鉴定。包括射击残留物的物理性质、化学性质和成分组成的检验检测,以及上述材料的比较检验和种类判别。

第三十八条 交通事故微量物证鉴定。包括交通事故涉及的油漆、橡胶、塑料、玻璃、纤维、金属、易燃物质等的物理性质、化学性质和成分组成的检验检测,以及上述材料的比较检验和种类判别。

第三十九条 火灾微量物证鉴定。包括火灾现场涉及的易燃物质类、化工产品类、金属等的物理性质、化学性质和成分组成的检验检测,以及上述材料的比较检验和种类判别。

第五章 附 则

第四十条 本规定自公布之日起施行。

附表:

物证类司法鉴定执业分类目录

序号	领域	分领域及项目
01	文书鉴定	0101 笔迹鉴定
		0102 印章印文鉴定
		0103 印刷文件鉴定
		0104 篡改(污损)文件鉴定
		0105 文件形成方式鉴定
		0106 特种文件鉴定
		0107 朱墨时序鉴定
		0108 文件材料鉴定
		0109 基于痕迹特征的文件形成时间鉴定
		0110 基于材料特性的文件形成时间鉴定
		0111 文本内容鉴定

续表

序号	领域	分领域及项目
02	痕迹鉴定	0201 手印鉴定
		0202 潜在手印显现
		0203 足迹鉴定
		0204 工具痕迹鉴定
		0205 整体分离痕迹鉴定
		0206 枪弹痕迹鉴定
		0207 爆炸痕迹鉴定
		0208 火灾痕迹鉴定
		0209 人体特殊痕迹鉴定
		0210 日用物品损坏痕迹鉴定
		0211 交通事故痕迹物证鉴定 021101 车辆安全技术状况鉴定 021102 交通设施安全技术状况鉴定 021103 交通事故痕迹鉴定 021104 车辆速度鉴定 021105 交通事故痕迹物证综合鉴定
03	微量物证鉴定	0301 化工产品类鉴定
		0302 金属和矿物类鉴定
		0303 纺织品类鉴定
		0304 日用化学品类鉴定
		0305 文化用品类鉴定
		0306 食品类鉴定
		0307 易燃物质类鉴定
		0308 爆炸物类鉴定
		0309 射击残留物类鉴定
		0310 交通事故微量物证鉴定
		0311 火灾微量物证鉴定

声像资料司法鉴定执业分类规定

第一章　总　　则

第一条　为规范声像资料司法鉴定机构和鉴定人的执业活动，根据《全国人民代表大会常务委员会关于司法鉴定管理问题的决定》等规定，结合司法鉴定工作实际制定本规定。

第二条　声像资料司法鉴定是指在诉讼活动中鉴定人运用物理学、语言学、信息科学与技术、同一认定理论等原理、方法和专门知识，对录音、图像、电子数据等涉及的专门性问题进行鉴别和判断并提供鉴定意见的活动。

第三条　声像资料司法鉴定包括录音鉴定、图像鉴定、电子数据鉴定。解决的专门性问题包括：录音和图像（录像/视频、照片/图片）的真实性、同一性、相似性、所反映的内容等鉴定；电子数据的存在性、真实性、功能性、相似性等鉴定。

第二章　录音鉴定

第四条　录音鉴定是指鉴定人运用物理学、语言学、信息科学与技术、同一认定理论等原理、方法和专门知识，对检材录音的真实性、同一性、相似性及所反映的内容等问题进行检验、分析、鉴别和判断并提供鉴定意见的活动。

录音鉴定包括录音处理、录音真实性鉴定、录音同一性鉴定、录音内容分析、录音作品相似性鉴定等。

第五条　录音处理。包括依据录音处理方法，对检材录音进行降噪、增强等清晰化处理，以改善听觉或声谱质量。

第六条 录音真实性鉴定。包括依据录音原始性鉴定方法，判断检材录音是否为原始录音；依据录音完整性鉴定方法，判断检材录音是否经过剪辑处理。

第七条 录音同一性鉴定。包括依据语音同一性鉴定方法，判断检材与样本之间或检材之间的语音是否同一；参照语音同一性鉴定方法，判断检材与样本之间或检材之间的其他声音是否同一。

第八条 录音内容分析。包括依据录音内容辨听方法，结合录音处理和录音同一性鉴定结果，综合分析辨识并整理检材录音所反映的相关内容；依据说话人的口头言语特征，分析说话人的地域、性别、年龄、文化程度、职业等属性。

第九条 录音作品相似性鉴定。包括综合运用录音内容分析、录音同一性鉴定等鉴定技术，通过检材与样本之间或检材之间录音作品的比较检验综合判断是否来源于同一个作品或相似程度。

第三章 图像鉴定

第十条 图像鉴定是指鉴定人运用物理学、信息科学与技术、同一认定理论等原理、方法和专门知识，对检材图像（录像/视频、照片/图片）的真实性、同一性、相似性及所反映的内容等专门性问题进行检验、分析、鉴别和判断并提供鉴定意见的活动。

图像鉴定包括图像处理、图像真实性鉴定、图像同一性鉴定、图像内容分析、图像作品相似性鉴定、特种照相检验等。

第十一条 图像处理。包括依据图像处理方法，对检材图像进行降噪、增强、还原等清晰化处理，以改善视觉效果。

第十二条 图像真实性鉴定。包括依据图像原始性鉴定方法，判断检材图像是否为原始图像；依据图像完整性鉴定方法，判断检材图像是否经过剪辑处理。

第十三条 图像同一性鉴定。包括依据人像同一性鉴定方法，判断检材与样本之间或检材之间记载的人像是否同一；依据物像同一性鉴定方法，判断检材与样本之间或检材之间记载的物体是否同一。

第十四条 图像内容分析。包括依据图像内容分析方法，结合图像处理和图像同一性鉴定结果，综合判断检材图像所记载的人、物的状态和变化情况及事件发展过程，如案事件图像中的人物行为和事件过程、交通事故图像中的交通参与者行为及涉案车辆速度、火灾现场图像中的起火部位及火灾过程等。

第十五条 图像作品相似性鉴定。包括综合运用图像内容分析、图像同一性鉴定等鉴定技术，通过检材与样本之间或检材之间图像作品的比较检验综合判断是否来源于同一个作品或相似程度。

第十六条 特种照相检验。运用特种照相技术，包括红外照相、紫外照相、光致发光照相和光谱成像等技术对物证进行照相检验。

第四章 电子数据鉴定

第十七条 电子数据鉴定是指鉴定人运用信息科学与技术和专门知识，对电子数据的存在性、真实性、功能性、相似性等专门性问题进行检验、分析、鉴别和判断并提供鉴定意见的活动。

电子数据鉴定包括电子数据存在性鉴定、电子数据真实性鉴定、电子数据功能性鉴定、电子数据相似性鉴定等。

第十八条 电子数据存在性鉴定。包括电子数据的提取、固定与恢复及电子数据的形成与关联分析。其中电子数据的提取、固定与恢复包括对存储介质（硬盘、光盘、优盘、磁带、存储卡、存储芯片等）和电子设备（手机、平板电脑、可穿戴设备、考勤机、车载系统等）中电子数据的提取、固定与恢复，以及对公开发布的或经所有权人授权的网络数据的提取和固定;电子数据的形成与关联分析包括对计算机信息系统的数据生成、用户操作、内容关联等进行分析。

第十九条 电子数据真实性鉴定。包括对特定形式的电子数据,如电子邮件、即时通信、电子文档、数据库数据等的真实性或修改情况进行鉴定;依据相应验证算法对特定形式的电子签章,如电子签名、电子印章等进行验证。

第二十条 电子数据功能性鉴定。包括对软件、电子设备、计算机信息系统和破坏性程序的功能进行鉴定。

第二十一条 电子数据相似性鉴定。包括对软件(含代码)、数据库、电子文档等的相似程度进行鉴定;对集成电路布图设计的相似程度进行鉴定。

第五章 附 则

第二十二条 本规定自发布之日起实施。

附表:

声像资料司法鉴定执业分类目录

序号	领域	分领域及项目
1	录音鉴定	0101 录音处理
		0102 录音真实性鉴定
		0103 录音同一性鉴定
		0104 录音内容分析
		0105 录音作品相似性鉴定

续表

序号	领域	分领域及项目
2	图像鉴定	0201 图像处理
		0202 图像真实性鉴定
		0203 图像同一性鉴定
		0204 图像内容分析
		0205 图像作品相似性鉴定
		0206 特种照相检验
3	电子数据鉴定	0301 电子数据存在性鉴定
		0302 电子数据真实性鉴定
		0303 电子数据功能性鉴定
		0304 电子数据相似性鉴定

司法部关于进一步深化改革 强化监管提高司法鉴定质量和公信力的意见

（2020年11月2日 司发〔2020〕1号）

各省、自治区、直辖市司法厅（局），新疆生产建设兵团司法局：

司法鉴定制度是司法制度的重要组成部分，是解决诉讼涉及的专门性问题，帮助司法机关查明案件事实的司法保障制度。进一步深化改革，强化监管，提高司法鉴定质量和公信力对于维护社会公平正义、全面推进依法治国具有重要意义。为深入贯彻落实中办、国办《关于健全统一司法鉴定管理体制的实施意见》（以下简称《实施意见》），完善体制机制，严格监督管理，不断提升司法鉴定质量和公信力，现提出如下意见。

一、总体要求

（一）指导思想。坚持以习近平新时代中国特色社会主义思想为指导，全面贯彻党的十九大和十九届二中、三中、四中、五中全会精神，以人民为中心，以改革为动力，以质量为核心，以问题为导向，持续深化改革，强化公益属性，强化监督管理，优化执业环境，提高司法鉴定质量和公信力，提高人民群众满意度，充分发挥司法鉴定功能作用。

（二）工作原则和目标。进一步深化改革，强化监管，提高司法鉴定质量和公信力，必须进一步坚持党对司法鉴定工作的全面领导，实现党的组织和党的工作在行业全覆盖，推进党建与业务有机融合、协同发展；必须进一步健全完善科学管理、统一规范、运行高效、监管有力的统一管理体制和工作机制，促进司法鉴定规模化、规范化、专业化水平持续提升；必须进一步加强质量建设和队伍建设，严格监督管理，推动人民群众反映强烈的“金钱、人情、虚假”鉴定和“多头、重复”鉴定等突出问题得到有效解决；必须进一步强化司法鉴定公益属性，坚持客观公正价值导向，严格收费管理，完善保障措施，努力让司法机关和人民群众的鉴定需求得到有效满足，司法鉴定在促进司法公正、维护人民权益、推进依法治国中作用进一步发挥。

二、改革措施

（一）加强司法鉴定行业党的建设

1. 明确抓行业党建工作责任。各级司法行政机关要结合职能履行抓行业党建工作责任，把抓业务与抓党建紧密结合起来，加强党对司法鉴定行业的领导，发挥党建引领作用，推动党建和业务深度融合、相互促进。（司法部政治部、公共法律服务管理局，各级司法行政机关）

2. 贯彻党建工作要求。指导司法鉴定协会、鉴定机构对照党章党规，在 2021 年 6 月底前修订完善章程或制度，推动党建工作进协会章程、进工作制度、进日常管理。认真落实“四同步”要求，在审批设立司法鉴定机构时，推动具备建立党组织条件的及时成立党组织；审核许可司法鉴定人执业时，推动专职人员中的党员转接党组织关系；开展执业检查、考核评估时，同步检查党建工作，作为机构等级评估、鉴定人执业评价、行业评先评优的重要依据。（司法部政治部、公共法律服务管理局，各级司法行政机关，各司法鉴定行业协会）

3. 推进党的组织和党的工作全覆盖。针对机构特点，以支部建在机构为原则，分类实施、应建尽建，确保 2021 年底前党的组织在行业全覆盖。理顺党员组织关系，组织关系不在机构党组织的党员，要按照“一方隶属、参加多重组织生活”的原则，参加机构党组织生活。坚持政治标准，做好党员发展工作。探索不同类型机构党建工作方式方法，科学精准加强行业党建，努力营造抓行业党建的良好氛围。（司法部政治部、公共法律服务管理局，各级司法行政机关，各司法

鉴定行业协会、司法鉴定机构)

4. 发挥党组织战斗堡垒作用和党员先锋模范作用。强化党组织政治引领作用,建立党组织在机构决策、规范管理中发挥作用的工作机制,推行机构管理层人员和党组织班子成员“双向进入、交叉任职”。明确党组织在机构、队伍建设中的政治把关作用。开展“党员先锋岗”“党建示范点”创建,强化党员意识,加强教育管理,发挥先锋模范作用。(司法部政治部、公共法律服务管理局,各司法厅(局),各司法鉴定行业协会、司法鉴定机构)

(二)加强鉴定机构建设

5. 优化机构布局。省级司法行政机关要加强统筹规划,科学制定本地区司法鉴定行业发展规划,坚持合理布局、优化结构、有序发展,既满足诉讼活动需要和人民群众需求,又避免无序竞争。(各司法厅(局))

6. 完善发展格局。鼓励引导鉴定机构通过多种途径实现规模发展,规范整合小、微机构,推动机构做大做强、做精做优。完善以国家级司法鉴定机构为龙头、高资质高水平机构为支撑、专科型特色机构为亮点,不同类型司法鉴定机构优势互补、社会共享、持续发展的司法鉴定机构发展格局。(司法部公共法律服务管理局,各司法厅(局))

7. 严格准入登记。依法严格做好法医类、物证类、声像资料和环境损害司法鉴定“四大类”登记管理工作,开展“四大类”外机构清理工作,没有法律依据的,一律不得准入登记。制定实施法医类、物证类、声像资料司法鉴定机构登记评审细则。落实专家评审制度,对申请从事司法鉴定业务的法人或者其他组织是否符合准入条件进行实质审核。军队人员和军队单位准入登记应听取军队司法鉴定管理部门的意见。(司法部公共法律服务管理局,各司法厅(局))

8. 建立诚信评价体系。制定司法鉴定诚信等级评估办法,建立诚信档案,评估诚信等级,完善诚信评估制度,督促鉴定机构和鉴定人依法诚信执业。开展质量监管、执业考核等第三方评价,深化群众

对服务过程、服务态度等的满意度评价活动，并及时公开评价结果。（司法部公共法律服务管理局，各司法厅（局））

9. 建立资质评估制度。遵循“分级分类、先难后易、公开公正”原则，全面开展司法鉴定机构资质条件、鉴定能力、执业情况等资质评估工作，实施动态管理，促进良性发展。（司法部公共法律服务管理局，各司法厅（局））

10. 完善淘汰退出机制。依法清理整顿达不到法定设立条件的鉴定机构。制定具体办法，细化撤销登记情形，做到机构有进有出、优胜劣汰，促进行业健康有序发展。（司法部公共法律服务管理局，各司法厅（局））

（三）加强鉴定人队伍建设

11. 加强队伍思想政治建设。引导广大鉴定人坚决拥护党的领导，培育崇尚法治、科学严谨、客观公正、廉洁自律的行业精神，践行司法为民理念，培养造就高素质鉴定人队伍。（各司法厅（局），各司法鉴定行业协会）

12. 把好进人关。建立完善鉴定人能力考核标准，对申请从事司法鉴定业务的个人职称专业、工作经历、业务能力等进行实质审核，实施严格准入。（司法部公共法律服务管理局、司法鉴定科学研究院，各司法厅（局））

13. 加大人才培养力度。制定司法鉴定人才培养规划，优化人才队伍和专业结构。完善司法鉴定人助理制度，制定管理办法，加强培养力度，实施规范管理。（司法部公共法律服务管理局、政治部，各司法厅（局））

14. 完善教育培训制度。制定司法鉴定教育培训工作管理办法，整合优质资源，发挥科研、院校等单位作用，加强培训基地、师资和教材建设，开展分级培训，提高队伍素质。（司法部公共法律服务管理局、政治部，各司法厅（局））

15. 落实鉴定人执业保障。健全完善司法鉴定人职称评审办法，加强职称动态管理。推广建立司法鉴定执业责任保险制度。健全出庭作证等执业保障,推动对鉴定人出庭的人身安全保护和必要的费用保障落实。研究推行鉴定人执业承诺宣誓制度,增强鉴定人责任心和行业归属感。(司法部公共法律服务管理局、政治部,各司法厅(局))

(四)加强质量建设

16.推进认证认可工作。认真落实《司法部　国家市场监督管理总局关于加快推进司法鉴定资质认定工作的指导意见》,加快推进司法鉴定资质认定工作。到期未通过资质认定或实验室认可的鉴定机构,依法进行规范清理。发挥国家资质认定司法鉴定行业评审组作用,加强评审员队伍建设,推开省级资质认定工作,确保资质认定评审质量。制定实施认证认可三年(2021—2023)提升计划,持续提升工作水平。(司法部公共法律服务管理局、司法鉴定科学研究院,各司法厅(局))

17.创新能力验证活动。总结工作经验,推进能力验证常态化、制度化。改进组织模式和评审方式,强化结果比对和运用,对于限期整改仍不能满足基本能力要求的,依法进行处理。(司法部公共法律服务管理局、司法鉴定科学研究院)

18.加强标准化建设。落实《实施意见》要求,按程序成立全国司法鉴定标准化技术委员会。加强司法鉴定标准化工作与刑事技术标准工作的协调衔接。依托行业优质资源和研究力量,加强标准制定、修订和推广实施工作,提高司法鉴定标准质量。探索全国司法鉴定机构服务标准化试点工作。(司法部信息中心、公共法律服务管理局、司法鉴定科学研究院)

19.健全完善质量管控体系。开展质量评查等活动,加强司法鉴定质量管控,常态化推动质量提升。探索实行鉴定机构法律顾问制度,加强内部法律审核,预防矛盾纠纷、投诉争议的发生。(司法部公共法律服务管理局、司法鉴定科学研究院,各司法厅(局))

20.充分发挥专家作用。组建地方和国家专家库,发挥专家在评审准入、质量管理、行业监管等方面作用。完善专家咨询机制,探索

技术争议解决。(司法部公共法律服务管理局,各司法厅(局))

(五)加强科技信息化建设

21.加快信息化建设步伐。加快“智慧司鉴”建设,加强系统对接和数据汇聚,2021年6月底前建成统一数据库,一体实现网上审批、网上服务、执业监管、投诉处理、综合管理等功能。完善数据的共建、共享、共用机制,加强与办案机关、使用部门的衔接,推动信息互联互通。(司法部信息中心、公共法律服务管理局,各司法厅(局))

22.提升信息化监管水平。实施鉴定受理、鉴定过程、鉴定意见审核签发等各环节的全过程留痕、全流程监管。2021年6月底前推进电子证照广泛应用,实现鉴定意见书赋码管理,方便办案机关和社会群众随时核验。探索区块链等新技术应用,研发运用案件可查重、可追溯功能,加强数据分析,强化核查比对,防范多头、重复和虚假鉴定发生。(司法部信息中心、公共法律服务管理局,各司法厅(局))

23.强化科技创新支撑。积极参加国家重大科技研发项目,开展关键共性技术研究和新技术研发,推动先进成熟的科学技术运用,加强司法鉴定科技创新支撑体系建设和司法部司法鉴定重点实验室建设。(司法部信息中心、司法鉴定科学研究院、公共法律服务管理局,各司法厅(局))

(六)强化公益属性

24.服务国家重大发展战略。深化长江经济带司法鉴定协同发展,推动黄河流域司法鉴定高质量发展,发挥部校合作司法鉴定基地作用。支持检察环境损害公益诉讼,健全完善不预先收取鉴定费用制度,服务打赢污染防治攻坚战。(司法部公共法律服务管理局,各司法厅(局))

25.强化公共法律服务功能。因地制宜推动司法鉴定机构入驻公共法律服务平台,加强司法鉴定信息系统与法律服务网对接,履行法律咨询、服务指引、业务办理等职责,服务社会公众。(司法部公共法律服务管理局,各司法厅(局))

26.发挥公益作用。完善司法鉴定机构依法减免相关费用制度,加强司法鉴定与法律援助工作的衔接。推动将公民非正常死亡处理、行政执法、公益诉讼和应对国内、国际重大公共事件等鉴定需求纳入政府购买服务指导性目录。(司法部公共法律服务管理局,各司法厅(局))

27. 严格收费管理。科学制定司法鉴定收费标准,合理制定政府指导价,加强司法鉴定收费专项管理,严厉打击乱收费行为,切实规范司法鉴定收费秩序,维护人民群众合法权益。(司法部公共法律服务管理局,各司法厅(局))

28. 加大支持力度。积极争取政府支持,建设一批高资质、高水平司法鉴定机构和重点实验室。加强对边远贫困地区鉴定机构的扶持,引导鉴定资源向稀缺的区域倾斜。(司法部信息中心、公共法律服务管理局,各司法厅(局))

(七)加强监督管理

29. 加强事中事后监管。巩固行业清理整顿活动成果,推动规范整改、警示教育常态化。全面推行"双随机一公开",完善"一单两库"等基础工作,创新检查方式,公开检查结果。加强委托、收费、涉保鉴定等行为监管,开展集中专项打击和联合执法检查。进一步规范司法鉴定机构和鉴定人在诉讼活动之外开展鉴定业务。(司法部公共法律服务管理局,各级司法行政机关)

30. 加强投诉处理工作。加强信息化运用,及时发现投诉苗头,强化预知预测。发挥行业协会主渠道作用,建立行业评判制度。深化"放管服"改革,推行分级管理,落实属地责任,督促县(市、区)司法行政机关积极履行日常监管、投诉处理等职责。建立投诉案件倒查机制,补齐短板漏洞。推进有条件的地方成立司法鉴定人民调解委员会,努力将投诉积案和争议化解在基层一线,解决在诉讼之外。(司法部公共法律服务管理局,各级司法行政机关,各司法鉴定行业协会)

31. 落实干预鉴定活动记录和报告规定。加强日常监督,完善定期检查、情况通报和报告制度,落实鉴定人负责制,落实干预鉴定活

动记录和报告制度要求，保障鉴定人独立公正鉴定。（司法部公共法律服务管理局，各级司法行政机关，司法鉴定机构）

32.查处违法违规行为。拓展信息渠道，完善举报机制，加大对虚假鉴定等违法违规行为的查处力度，建立健全执业“黑名单”制度，完善行政处罚和行业惩戒衔接机制，通报典型案例，严肃惩处违法违规行为。（司法部公共法律服务管理局，各级司法行政机关，各司法鉴定行业协会）

33.开展队伍教育整顿。针对个别鉴定人违法违规执业、进行“金钱、人情、虚假”鉴定等突出问题，聚焦投诉数量多、群众反映强烈的热点难点，分类施策，对症下药，认真组织开展专题学习、警示教育、专项检查，有针对性地开展专项整顿工作，整治顽瘴痼疾，推进正风肃纪。（司法部公共法律服务管理局，各级司法行政机关）

34.严格依法履行管理职责。司法鉴定管理人员要依法履责，秉公用权，严守纪律要求，勇于担当作为，对于滥用职权、玩忽职守，造成严重后果的直接责任人员，严肃追究相应的党纪政纪责任和法律责任。（各级司法行政机关，各司法鉴定行业协会）

三、组织领导

深化司法鉴定改革、强化监督管理，提高司法鉴定质量和公信力是一项需要攻坚克难、久久为功的事业。各级司法行政机关要坚决贯彻中央决策部署，积极争取党委政府重视支持，将之作为推进司法体制改革、促进司法公正的重要工作，凝聚改革共识，增强行动自觉，加强组织领导，确保各项工作顺利有效推进。

要明确责任、狠抓落实。健全管理工作体系，充实监管力量，推动管理重心下移、力量下沉。坚持属地原则，明确各级司法行政机关、司法鉴定协会的监管责任，形成齐抓共管工作局面。建立抓落实工作机制，完善监督考核，细化工作措施，靶向施策、精准发力，推进重点任务落实。

要完善机制、强化协同。建立与侦查、检察、审判、监察、行政执法等有关部门间议事协商机制，及时研究解决工作中的重大问题。

完善司法鉴定管理与使用衔接，促进司法鉴定管理与使用良性互动，推动解决“多头、重复”鉴定等问题。加强司法鉴定行业协会建设，深化“两结合”管理体制，健全司法行政机关与行业协会间的决策会商、信息共享等制度，密切工作协作。

要严密制度、扩大宣传。突出问题导向，加强调查研究，健全完善改革配套制度措施，加强立法工作，推动健全统一司法鉴定管理体制改革目标任务全面落实。大力宣传表彰工作中涌现的先进集体和个人，不断提高司法鉴定社会知晓度和公信力，为深化司法鉴定改革营造良好环境。

贯彻落实中的重大问题，请及时报司法部公共法律服务管理局。

司法部办公厅关于严格规范司法鉴定机构开展亲子鉴定业务有关工作的紧急通知

（2020 年 12 月 29 日　司办通〔2020〕100 号）

各省、自治区、直辖市司法厅（局），新疆生产建设兵团司法局：

近期，极少数司法鉴定机构和司法鉴定人无视法纪、顶风作案，严重败坏行业声誉，影响极其恶劣。为进一步严格规范司法鉴定机构开展亲子鉴定业务，切实维护行业公信力，维护人民群众合法权益和社会公平正义，现就有关事项通知如下。

一、严格执行开展亲子鉴定业务的制度规定

各地要切实采取有力有效措施，严格落实《司法部办公厅关于规范司法鉴定机构开展亲子鉴定业务有关工作的通知》（司办通〔2016〕40 号）各项要求，指导、监督司法鉴定机构规范开展亲子鉴定业务。

（一）司法鉴定机构不得利用医院、中介组织或个人等招揽业务，不得设立采样点。

（二）司法鉴定机构核对当事人身份信息应当全程录像，有条件的可以利用人脸识别、指纹识别等方式。身份信息无法核实，或经核实身份信息存疑的，不得开展鉴定工作。司法鉴定机构应当要求当事人对身份信息真实性进行书面承诺。

（三）司法鉴定机构应当严格执行当事人本人到司法鉴定机构提取检材的要求。未成年人的监护人必须到场并确认鉴定事宜。当事人确有困难无法到司法鉴定机构的，司法鉴定机构必须指派至少二名该司法鉴定机构的工作人员现场提取检材,其中至少一名应为承办该鉴定委托的司法鉴定人,并全程录像。严禁司法鉴定人助理或其他工作人员或个人单独提取检材,严禁司法鉴定机构通过邮寄、快递、当事人自行送检等方式获取检材。

(四)司法鉴定机构应当对检材进行唯一性标识,检材的接收、内部传递、处置、存储、保留、返还和清理等过程应当全程进行记录,确保"保管链"记录的完整性和可追溯性。

(五)司法鉴定机构应当完整保留鉴定委托书、被鉴定人及监护人身份信息、鉴定收费发票(复印件)及鉴定活动的完整记录等鉴定文书和材料,并归入鉴定档案,妥善保存。

(六)司法鉴定机构应当严格规范业务宣传,不得利用网络、报纸、广播、电视等媒体进行宣传或招揽业务、代理人等,禁止发布隐私亲子鉴定、个人亲子鉴定、个人亲子检测、司法亲子鉴定、孕期亲子检测或邮寄、快递检材等内容的广告。

二、严肃查处违法违规行为

(一)*严格履行监管职责*。各级司法行政机关要严格依照《行政许可法》《全国人民代表大会常务委员会关于司法鉴定管理问题的决定》的规定,履行监管职责,勇于担当作为,全面梳理、排查和倒查在清理整顿、投诉处理、群众举报、媒体报道等发现的违法违规问题及线索,填报问题清单,逐一进行销号处理。对隐瞒不报、纵容包庇以及在调查核实、依法处理中不履职尽责的责任单位和责任人,严肃追究相应的党纪政纪责任和法律责任。

(二)*严肃查处违法违规行为*。司法行政机关发现司法鉴定机构和司法鉴定人存在违法违规行为的,一律先暂停执业,依法依规给予行政处罚,情节严重的撤销登记,涉嫌犯罪的,移送司法机关。对于存在问题的要及时进行整改,能立即整改的要立即整改,不能立即整改的要限期整改。对已经不符合行政许可条件的,立即暂停执业,责令限期整改,在规定限期内仍不符合要求的,坚决注销。

(三)*严厉打击"司法黄牛"*。各级司法行政机关要健全完善司法鉴定机构受理鉴定委托规则，加大对亲子鉴定等重点领域的监督力度，坚决禁止“司法黄牛”在单方委托鉴定中的“暗箱”操作。要大力加强与公安、民政、卫生健康、市场监管等部门的协调联动，在信息共享、信用约束、投诉举报等方面开展协作，共同完善监管机制，开展集中专项打击和联合执法检查，坚决铲除其滋生土壤。要努力创新司法鉴定服务方式方法，引导当事人通过随机选择方式委托司法鉴定机构，根据本地实际，推进司法鉴定机构进驻公共法律服务中心，方便群众寻求司法鉴定服务，挤压“司法黄牛”揽案空间。要加快推进信息化建设，提升信息化监管水平，实施鉴定受理、鉴定过程、鉴定意见审核签发等各环节的全过程留痕、全流程监管。严禁司法鉴定机构和司法鉴定人与“司法黄牛”进行接触，发现存在违法违规行为的，一律暂停执业，依法依规严肃处理。

三、及时稳妥处置相关舆情

要严格落实属地管理、分级负责和谁主管、谁负责的原则，按照“一岗双责”的要求，严格落实意识形态工作责任制，牢牢把握意识形态阵地主导权。要切实加强司法鉴定舆情监测，及时发现苗头线索，强化预知预测，完善应急预案，认真落实舆情工作“三同步”原则，依法及时妥善处置司法鉴定舆情。要畅通举报投诉渠道，及时发布政策和监管信息，宣传相关法律法规规定，保障群众合法权益。要结合司法鉴定行业的监管实践，借助互联网、新闻媒体等渠道，公布一批亲子鉴定违法违规典型案例，提高监管的影响力和震慑力。要主动弘扬正能量，开展主题宣讲教育活动和新闻宣传、网络宣传，广泛宣传司法鉴定工作取得的新进展新成效，营造行业健康发展氛围。

各地可以结合本地实际，细化司法鉴定机构开展亲子鉴定业务的监管措施。司法部将适时对监管不力的有关地方进行约谈。

贯彻执行中遇到重要情况和问题，请及时报司法部。

(七)律师工作类

司法部　国家外汇管理局关于做好律师事务所在境外设立分支机构相关管理工作的通知

（2020 年 3 月 5 日　司发通〔2020〕29 号）

各省、自治区、直辖市司法厅（局），国家外汇管理局各省、自治区、直辖市分局、外汇管理部，深圳、大连、青岛、厦门、宁波市分局：

为促进和便利我国律师事务所在境外设立分支机构，规范律师事务所在境外设立分支机构外汇管理，支持中国律师"走出去"，服务我国全方位对外开放大局，现就做好律师事务所在境外设立分支机构相关管理工作通知如下：

一、本通知所称的律师事务所境外分支机构是指我国律师事务所在境外投资设立，经境外有关国家和地区政府部门或有关组织批准或登记，人员、业务、财务受该律师事务所实际控制，在境外实质性开展法律服务业务的分支机构。

二、律师事务所设立、变更或注销境外分支机构，应按照《律师事务所境外分支机构备案管理规定》至所在地的省、自治区、直辖市司法行政机关办理备案，律师事务所办理备案时应根据实际需要向司法行政机关申报境外分支机构投资总额、境内方出资比例、境内方出资总额、出资币种等。

三、律师事务所通过司法行政机关备案后，凭备案回执及相关外汇管理法规规定的材料，在所在地银行办理境外直接投资外汇登记。

律师事务所完成外汇登记后可依法在外汇指定银行办理境外直

接投资资金汇出或境外资本变动收入汇回及结汇;律师事务所境外投资经营收益汇回,可保留在经常项目外汇账户或直接结汇。

四、司法行政机关及外汇管理部门应加强对律师事务所境外设立分支机构活动的事后监管。律师事务所违反相关规定的,司法行政机关及外汇管理部门依法追究责任。

五、本通知自发布之日起执行。本通知中未予明确的管理事项,按同期相关管理政策执行。

各分局、外汇管理部接到本通知后,应及时转发辖区内各分支机构、各中资外汇指定银行、城市商业银行、农村商业银行、外资银行。

附件:1. 律师事务所境外分支机构设立备案回执

2. 律师事务所境外分支机构变更备案回执

3. 律师事务所境外分支机构注销备案回执

附件 1

编号:

律师事务所境外分支机构设立备案回执

________________:

你所报送的律师事务所境外分支机构备案申报材料收悉。备案基本信息如下:

分支机构名称	(中文)
	(英文)
驻在地址	(请填写办公场所详细地址,具体到所在办公楼层、房间号)

续表

<table>
<tr><td>分支机构类型</td><td colspan="3">□律师事务所　□代表处　□法律服务公司
□其他＿＿＿＿＿＿＿＿(请注明具体机构类型)</td></tr>
<tr><td>设立方式</td><td colspan="3">□单独出资设立　□与驻在国(地区)律师事务所联合出资
□整体收购驻在国(地区)律师事务所
□其他＿＿＿＿＿＿＿＿(请注明具体设立方式)</td></tr>
<tr><td>投资总额</td><td></td><td>境内方出资比例</td><td></td></tr>
<tr><td>境内方出资总额</td><td></td><td>出资币种</td><td></td></tr>
<tr><td>业务范围</td><td colspan="3"></td></tr>
<tr><td>批准(登记)
机构</td><td colspan="3"></td></tr>
<tr><td>负责人姓名
及执业证号</td><td colspan="3"></td></tr>
<tr><td>派驻律师姓名
及执业证号</td><td colspan="3"></td></tr>
<tr><td>派驻行政人员
姓名及身份证号</td><td colspan="3"></td></tr>
<tr><td>聘请当地
律师人数</td><td></td><td>聘请当地雇员人数</td><td></td></tr>
<tr><td>联系人及电话</td><td colspan="3"></td></tr>
<tr><td>联系传真</td><td colspan="3"></td></tr>
<tr><td>联系邮箱</td><td colspan="3"></td></tr>
</table>

备案机构

(印章)

年　　月　　日

附件 2

编号：

律师事务所境外分支机构变更备案回执

____________：

你所报送的律师事务所境外分支机构变更备案申报材料收悉。变更后的备案基本信息如下：

<table>
<tr><td rowspan="2">分支机构名称</td><td colspan="3">（中文）</td></tr>
<tr><td colspan="3">（英文）</td></tr>
<tr><td>驻在地址</td><td colspan="3">（请填写办公场所详细地址，具体到所在办公楼层、房间号）</td></tr>
<tr><td>分支机构类型</td><td colspan="3">□律师事务所　□代表处　□法律服务公司
□其他____________（请注明具体机构类型）</td></tr>
<tr><td>设立方式</td><td colspan="3">□单独出资设立　□与驻在国（地区）律师事务所联合出资
□整体收购驻在国（地区）律师事务所
□其他____________（请注明具体设立方式）</td></tr>
<tr><td>投资总额</td><td></td><td>境内方出资比例</td><td></td></tr>
<tr><td>境内方出资总额</td><td></td><td>出资币种</td><td></td></tr>
<tr><td>业务范围</td><td colspan="3"></td></tr>
</table>

续表

<table>
<tr><td>批准(登记)
机构</td><td colspan="3"></td></tr>
<tr><td>负责人姓名
及执业证号</td><td colspan="3"></td></tr>
<tr><td>派驻律师姓名
及执业证号</td><td colspan="3"></td></tr>
<tr><td>派驻行政人员姓名
及身份证号</td><td colspan="3"></td></tr>
<tr><td>聘请当地律师人数</td><td></td><td>聘请当地雇员人数</td><td></td></tr>
<tr><td>联系人及电话</td><td colspan="3"></td></tr>
<tr><td>联系传真</td><td colspan="3"></td></tr>
<tr><td>联系邮箱</td><td colspan="3"></td></tr>
<tr><td>变更事项</td><td colspan="3"></td></tr>
</table>

备案机构

(印章)

年　　月　　日

附件 3

编号：

律师事务所境外分支机构注销备案回执

__________________：

你所报送的律师事务所境外分支机构注销备案申报材料收悉。备案基本信息如下：

<table>
<tr><td rowspan="2">分支机构名称</td><td colspan="3">（中文）</td></tr>
<tr><td colspan="3">（英文）</td></tr>
<tr><td>驻在地址</td><td colspan="3">

（请填写办公场所详细地址，具体到所在办公楼层、房间号）</td></tr>
<tr><td>分支机构类型</td><td colspan="3">□律师事务所　□代表处　□法律服务公司
□其他__________________（请注明具体机构类型）</td></tr>
<tr><td>设立方式</td><td colspan="3">□单独出资设立　□与驻在国（地区）律师事务所联合出资
□整体收购驻在国（地区）律师事务所
□其他__________________（请注明具体设立方式）</td></tr>
<tr><td>投资总额</td><td></td><td>境内方出资比例</td><td></td></tr>
<tr><td>境内方出资总额</td><td></td><td>出资币种</td><td></td></tr>
<tr><td>批准注销机关</td><td colspan="3"></td></tr>
</table>

续表

批准注销时间	
负责人姓名及执业证号	
联系人及电话	
联系传真	
联系邮箱	

备案机构

（印章）

年　　月　　日

最高人民法院　司法部
关于为律师提供一站式诉讼服务的意见

（2020年12月16日　法发〔2021〕3号）

为深入贯彻落实党中央关于深化律师制度改革要求,进一步落实《最高人民法院、最高人民检察院、公安部、国家安全部、司法部关于依法保障律师执业权利的规定》《最高人民法院关于依法切实保障律师诉讼权利的规定》等规定,完善便利律师参与诉讼机制,为律师提供更加优质的诉讼服务,充分发挥律师在全面依法治国中的重要作用,更好地维护人民群众合法权益,制定本意见。

第一条　人民法院为依法执业的律师(含公职律师、公司律师)提供集约高效、智慧便捷的一站式诉讼服务,并为律师助理在辩护、代理律师授权范围内开展辅助性工作提供必要的诉讼服务。

律师助理包括辩护、代理律师所在律师事务所的其他律师和申请律师执业实习人员。

基层法律服务工作者在司法部规定的业务范围和执业区域内参与诉讼活动时,参照本意见执行。

第二条　司法部中国律师身份核验平台(以下简称律师身份核验平台)为律师参与诉讼提供"实时实人实证"的律师执业身份核验服务。

律师通过人民法院线上线下诉讼服务平台办理诉讼事务前,应当自行或者由人民法院依托律师身份核验平台完成身份核验。

第三条　律师身份一次核验后,可以通过人民法院律师服务平台(以下简称律师服务平台)、诉讼服务大厅、12368 诉讼服务热线等线上线下方式在全国法院通办各类诉讼事务。

第四条 人民法院建立律师参与诉讼专门通道,为律师提供“一码通”服务。律师可以使用律师服务平台生成动态二维码,通过扫码或者其他便捷方式快速进入人民法院诉讼服务场所和审判法庭。

司法行政机关与人民法院积极推动应用律师电子执业证,支持律师使用律师身份核验平台亮证功能或者律师电子执业证快速进入人民法院,办理各类诉讼事务。

第五条 对于入驻人民法院开展诉讼辅导、调解、法律援助、代理申诉等公益性服务的律师,应当为其设立专门工作场所,提供扫描、打印、复印、刻录等服务。有条件的人民法院可以提供停车、就餐等服务。

第六条 依托 12368 诉讼服务热线一号通办功能,为律师提供查询、咨询、诉讼事务办理等服务,并将支持律师在律师服务平台查看通过 12368 诉讼服务热线申请的诉讼事务办理情况。

第七条 积极为律师提供一网通办服务。律师可以通过律师服务平台办理立案、调解、庭审、阅卷、保全、鉴定,申请回避、撤诉,申请人民法院调查收集证据、延长举证期限、延期开庭、核实代理关系等事务,以及在线查收人民法院电子送达材料等,实现诉讼事务在线办理、网上流转、全程留痕。

律师服务平台实时接收律师在线提交的电子材料。受理案件的人民法院对确有核实、归档需要的身份证明、授权委托书或者书证、鉴定意见等需要质证的证据,以及对方当事人提出异议且有合理理由的诉讼材料和证据材料,可以要求律师提供原件。

第八条 进一步完善网上立案工作,为律师提供一审民事、行政、刑事自诉、申请执行和国家赔偿案件的网上立案服务。对不符合要求的材料,做到一次性告知补正事项。对律师通过律师服务平台或者诉讼服务大厅提交电子化诉讼材料的,实行快速办理。

进一步畅通网上交退费渠道，支持通过网银、支付宝、微信等线上支付方式交纳诉讼费用。

第九条 充分发挥律师在预防化解矛盾纠纷中的专业优势、职业优势和实践优势，依托人民法院调解平台加大律师在线调解工作力度，打造党员律师、骨干律师调解品牌。纳入特邀调解员名册的律师，可以接受人民法院委派或者委托，在调解平台上调解案件。律师依法按程序出具的调解协议，当事人可以在线申请司法确认。

第十条 具备在线庭审条件的人民法院，对适宜通过在线方式进行庭审、庭前会议或者询问等诉讼环节的案件，应当为律师提供在线庭审服务。

依托律师服务平台为律师在全国法院参加庭审以及其他诉讼活动提供排期避让提醒服务。对有冲突的排期自动向人民法院作出提醒，律师也可以根据传票等信息在律师服务平台自助添加开庭时间等，主动向人民法院提供需要避让的信息。人民法院根据案件实际审理情况合理排期。

第十一条 加强网上阅卷工作，逐步为律师提供电子诉讼档案在线查看、打印、下载等服务。对依法可以公开的民事、行政、刑事、申请执行和国家赔偿案件材料，律师可以通过律师服务平台申请网上阅卷。

在律师服务平台建立个人案件空间。推进对正在审理中、依法可以公开的案件电子卷宗同步上传至案件空间，供担任诉讼代理人的律师随时查阅。

第十二条 律师服务平台为律师关联可公开的代理案件，提供立案、开庭、结案等节点信息查看服务，方便律师一键获取代理案件的诉讼信息。

第十三条 律师服务平台支持律师通过文字、语音等方式在线联系法官，支持多种格式电子文档批量上传，提供证据网盘以及立案材料指引、诉状模板、诉状助手、诉讼费用计算、法律法规查询等智能工具辅助律师办案。律师还可以根据需要设置个人常用事项导航窗口。

第十四条 律师服务平台在律师账号下设有律师助理账号。每名律师可以申请开通3个律师助理账号，由律师一案一指定并授权使用诉讼材料提交、诉讼费用交纳、案卷查阅以及智能辅助工具等。

律师应当定期管理和更新律师账号及律师助理账号。

第十五条 建立健全律师诉讼权利救济机制。律师可以通过12368诉讼服务热线、律师服务平台对诉讼服务事项进行满意度评价，或者提出意见建议。对律师反映的重大问题或者提出的意见建议由人民法院工作人员及时予以回复。

第十六条 加强律师诚信诉讼建设。对律师在诉讼活动中存在提供虚假材料、故意拖延诉讼、串通调解、滥用诉权、虚假诉讼、规避或者抗拒执行以及其他违反职业道德和执业纪律等行为，或者因管理律师账号及律师助理账号不当造成严重不良影响的，人民法院将限制律师使用律师服务平台相关功能，同时通报许可律师执业的司法行政机关，并将相关信息推送全国律师综合管理信息系统。

进一步完善律师执业监督管理。省级司法行政机关应当建立健全律师执业信息线上采集和更新机制，实时、准确、完整地向全国律师综合管理信息系统汇聚律师执业许可、变更、吊销、注销、受到停止执业处罚和处罚期间等信息，并将律师诚信诉讼情况纳入律师事务所年度检查考核和律师年度考核内容。

第十七条 人民法院与司法行政机关应当为律师在参与诉讼过程中提交的电子材料和律师个人信息等提供安全保障，确保数据在存储和流转等过程中的真实性、有效性和安全性。

第十八条 人民法院、司法行政机关、律师协会应当加强协调配合，建立常态化联席会议工作机制，定期召开会议，充分听取律师对人民法院和司法行政机关的意见建议，及时研究解决诉讼服务过程中律师反映的新情况新问题，不断提升一站式服务律师的能力水平。

(八)国家统一法律职业资格考试工作类

司法部关于做好2020年国家统一法律职业资格考试工作的通知

（2020年6月27日　司发通〔2020〕60号）

各省、自治区、直辖市司法厅（局），新疆生产建设兵团司法局：

为做好2020年国家统一法律职业资格考试组织实施工作，根据《国家统一法律职业资格考试实施办法》等规定，现就有关事项通知如下。

一、报考条件及认定

（一）报名条件

1. 符合以下条件的人员，可以报名参加国家统一法律职业资格考试：

（1）具有中华人民共和国国籍；

（2）拥护《中华人民共和国宪法》，享有选举权和被选举权；

（3）具有良好的政治、业务素质和道德品行；

（4）具有完全民事行为能力；

（5）具备全日制普通高等学校法学类本科学历并获得学士及以上学位，全日制普通高等学校非法学类本科及以上学历并获得法律硕士、法学硕士及以上学位，全日制普通高等学校非法学类本科及以上学历并获得相应学位且从事法律工作满三年。

《国家统一法律职业资格考试实施办法》实施前已取得学籍（考籍）或者已取得相应学历的高等学校法学类专业本科及以上学历毕业生，或者高等学校非法学类专业本科及以上学历毕业生并具有法律专业知识的，可以报名参加国家统一法律职业资格考试。

各省、自治区、直辖市所辖自治县（旗），各自治区所辖县（旗），各自治州所辖县；国务院审批确定的集中连片特殊困难地区所辖县（县级市、区）和国家扶贫开发工作重点县（县级市、区，重庆市的10个重点县、区除外）；新疆维吾尔自治区所辖的县级市、区（乌鲁木齐市所辖的区除外）；黑龙江省大小兴安岭等艰苦边远地区的县（县级市、区），可以将报名学历条件放宽为高等学校本科毕业。

普通高等学校、军队院校2021年全日制应届本科毕业生（包括专升本，下同）和以同等学力报考的应届硕士毕业生，可以报名参加2020年国家统一法律职业资格考试。

"普通高等学校"是指：依法设立并经国务院教育行政部门批准，举办全日制本科层次普通高等学历教育的高等学校，包括全日制普通本科院校和独立学院。（《中华人民共和国高等教育法》）

2. 有下列情形之一的，不得报名参加国家统一法律职业资格考试：

（1）因故意犯罪受过刑事处罚的；

（2）曾被开除公职或者曾被吊销律师执业证书、公证员执业证书的；

（3）被吊销法律职业资格证书的；

（4）被给予二年内不得报名参加国家统一法律职业资格考试处理期限未满或者被给予终身不得报名参加国家统一法律职业资格考试（国家司法考试）处理的；

（5）因严重失信行为被国家有关单位确定为失信联合惩戒对象并纳入国家信用信息共享平台的；

（6）因其他情形被给予终身禁止从事法律职业处理的。

有前款规定情形之一的人员，已经办理报名手续的，报名无效；已经参加考试的，考试成绩无效。

已经取得A类法律职业资格证书的，不得报名参加2020年法律职业资格考试。

3. 参加2019年法律职业资格考试客观题考试成绩达到全国统一合格分数线或者放宽合格分数线的，合格成绩在2020年法律职业资格考试中有效。其中，达到全国统一合格分数线的，可在主观题考试报名时确认参加2020年主观题考试，符合放宽政策的可同时申请享受放宽政策；达到放宽合格分数线的，可报名参加2020年客观题考试和主观题考试，或者直接确认参加2020年主观题考试。

4. 报名人员可选择使用汉文或者蒙古文、藏文、维吾尔文、哈萨克文、朝鲜文五种少数民族语言文字试卷参加考试。应试人员应当使用同一语言文字试卷参加客观题考试和主观题考试。香港、澳门和台湾居民可以选择使用简体汉字或者繁体汉字填报本人信息和答题。

（二）报名条件认定

各地司法行政机关在报名工作中，要按照规定严格掌握报名条件，不得自行对报名条件进行变通和解释，对于不符合报名条件的人员不得办理报名手续。违反规定的，依法追究有关人员责任。

1. 对于报名人员是否符合规定的报名专业学历条件的认定，除普通高等学校、军队院校2021年全日制应届本科毕业生和以同等学力报考的应届硕士毕业生以外，要以报名人员报名时是否具有相应的学历学位证书为准。报名人员报名时不具有学历学位证书的，原则上不予报名。

已经完成学业但尚未取得学历学位证书的普通高等学校2020年应届本科毕业生和继续教育（包括网络教育、成人教育、开放大学等）的2020年本科毕业生，可以报名；参加高等教育自学考试人员，在2020年9月30日前取得单科成绩全部合格且本年度内取得毕业证书的，可以报名。考试结束，成绩合格人员应当按照网上报名填报确认和承诺的信息，在规定的资格申请期限内提交毕业证书及其他材料，不能在规定期限提交且无正当理由的，视为不符合规定的报名条件，考试成绩无效。

2. 对于高等学校学历学位证书的认可、管理和解释，要严格按照有关法律、法规和国务院教育行政部门的规定掌握，各地司法行政机关不得自行变通和解释（2020 年暂不要求提供学位证书）。2020 年报名参加国家统一法律职业资格考试的有效毕业证书为：

（1）经国务院教育行政部门批准，具有举办学历教育资格的成人高等学校、普通高等学校（含培养研究生的科研单位）颁发的毕业证书；

（2）通过高等教育自学考试、高等教育学历文凭考试，由全国高等教育自学考试委员会授权各省、自治区、直辖市高等教育自学考试委员会颁发的毕业证书；

（3）经国务院教育行政部门批准，纳入国家招生计划并参加全国统一考试录取，在党校、军队院校中就读的学生取得的毕业证书；

（4）经国务院教育行政部门批准，实施网络教育试点的普通高等学校颁发的远程（网络）教育毕业证书；

（5）符合教育部、原解放军总参谋部、原解放军总政治部关于《中国人民解放军院校学历证书管理暂行规定》所颁发的毕业证书。

3. 放宽地方可以将报名学历条件放宽为高等学校本科毕业。

放宽报名学历条件的适用以报名人员报名时户籍为准，即报名时户籍在放宽地方的，可以按照放宽政策确定的学历条件报考。

4. 各地应认真审查报名人员的毕业证书是否属于国民教育序列或者国务院教育行政部门认可的学历。凡在教育部全国高等学校学生信息咨询与就业指导中心网站查询后仍不能判别的，或者查询不到的，需要报名人员承诺如考试成绩合格，须在规定的资格申请期限内，提交由教育部全国高等学校学生信息咨询与就业指导中心出具的"中国高等教育学历认证报告"。持香港、澳门、台湾地区或者国外高等学校学历学位证书报名的，其学历学位证书须经教育部留学服务中心认证，符合报考学历学位条件的，可以报名参加国家统一法律职业资格考试。国（境）外学历学位认证的具体要求，可以查阅教育部留学服务中心网站（www.cscse.edu.cn）。

二、客观题考试

（一）报名方式与时间

2020年国家统一法律职业资格考试客观题考试实行网上报名，报名时间为7月28日0时至8月12日24时。报名人员应当在规定期限内登录司法部网站（www.moj.gov.cn），按照网上报名要求、流程及步骤填报个人信息。逾期不予补报。

（二）报名材料

报名人员报名时应当具有以下材料：

1. 有效居民身份证。

2. 毕业证书。本人毕业证书应当能够在全国高等学校学生信息咨询与就业指导中心网站查询或认证。

3. 申请享受放宽政策人员，须具有放宽报名学历条件地方户籍。网上报名时，应上传户口簿首页及本人页电子照片。

4. 电子证件照片。报名人员应当提供符合规定格式（宽413像素×高626像素）要求的本人近三个月内彩色（红、蓝、白底色均可）正面免冠电子证件照片。此照片将作为本人准考证、考试成绩通知单、法律职业资格授予申请表、法律职业资格证书唯一使用照片。

5. 司法行政机关要求的其他材料。报名人员应当如实、准确填报个人信息，对报名信息作出真实有效承诺，并对其填报材料实质内容的真实性负责。普通高等学校、军队院校2021年全日制应届本科毕业生和以同等学力报考的应届硕士毕业生网上报名时，应当签署《应届毕业生承诺书》。参加高等教育自学考试在2020年9月30日前取得单科成绩全部合格且本年度内取得毕业证书的人员，网上报名时应当填写《单科成绩合格情况说明》，并于10月15日至10月19日登录考试报名系统签署《单科成绩已全部合格承诺书》；逾期未签署承诺书的，报名无效，不予打印准考证。

报名人员填报虚假信息或以其他方式骗取报名的，司法行政机关将按照《国家统一法律职业资格考试违纪行为处理办法》等规定进行处理。

(三)报名审查

客观题考试网上报名期间，司法行政机关应当按照相关要求及时审查电子证件照片、申请享受放宽政策人员的户籍材料，并对报名人员的毕业证书等进行形式审查；网上交费截止后，应当按照报考要求对报名信息进行审查，审查意见及报名信息须在规定时限内报省(区、市)司法行政机关复查。

(四)考试费

报名人员应当按照报名地司法行政机关公告的标准和支付方式交纳考试费。客观题考试网上交费截止时间为8月16日24时。考试费标准由各省(区、市)、新疆生产建设兵团司法行政机关与当地价格管理部门根据考试工作实际需要确定。收取的考试费要用于考试组织实施工作支出，不得挪作他用。交纳中央财政部分应按规定及时上缴。

(五)考区考点设置

各省(区、市)、新疆生产建设兵团司法行政机关应根据报考人员数量、交通状况、疫情防控工作需要和组织实施能力等情况科学设置考区。报名人员可在各省(区、市)、新疆生产建设兵团司法行政机关设置的考区选择报名。交纳客观题考试的考试费后，不得更改报名地。

选择使用少数民族语言文字试卷的需在设置相应考点考场的考区报名，内蒙古自治区设蒙古文考点考场，西藏自治区、青海省设藏文考点考场，新疆维吾尔自治区设蒙古文、维吾尔文、哈萨克文考点考场，吉林省设朝鲜文考点考场。

(六)考试内容与科目

国家统一法律职业资格考试实行全国统一命题。司法部制定并公布的《2020年国家统一法律职业资格考试大纲》作为命题依据。

2020年国家统一法律职业资格考试客观题考试共两卷。分为试卷一、试卷二，每张试卷100道试题、分值为150分，其中单项选择题50题、每题1分，多项选择题和不定项选择题共50题、每题2分，两张试卷总分为300分。具体考查科目为：

试卷一：中国特色社会主义法治理论、法理学、宪法、中国法律史、国际法、司法制度和法律职业道德、刑法、刑事诉讼法、行政法与行政诉讼法

试卷二：民法、知识产权法、商法、经济法、环境资源法、劳动与社会保障法、国际私法、国际经济法、民事诉讼法（含仲裁制度）

（七）考试时间与方式

2020年国家统一法律职业资格考试客观题考试实行分批次考试方式。报名地司法行政机关按各考区机位数量和报考人数确定应试人员考试批次，分为10月31日、11月1日共两个批次，应试人员参加其中的一个批次考试。具体为：

第1批次考试时间：

试卷一：10月31日9:00—12:00，考试时间180分钟。

试卷二：10月31日14:30—17:30，考试时间180分钟。

第2批次考试时间：

试卷一：11月1日9:00—12:00，考试时间180分钟。

试卷二：11月1日14:30—17:30，考试时间180分钟。

客观题考试实行闭卷、计算机化考试方式，试题、答题要求和答题界面均在计算机显示屏上显示，应试人员应当使用计算机鼠标或键盘在计算机答题界面上直接作答。

（八）打印准考证

客观题考试报名人员经司法行政机关审核，符合报考条件的，准予核发准考证。报名人员可于10月21日至10月30日登录司法部网站自行打印准考证。

（九）合格分数线

国家统一法律职业资格考试客观题考试实行全国统一计算机评卷。

根据《国家统一法律职业资格考试实施办法》，2020年国家统一法律职业资格考试客观题考试合格分数线由司法部商最高人民法

院、最高人民检察院等有关部门确定。11 月 10 日，司法部公布客观题考试成绩及合格分数线，应试人员可在司法部网站自行打印考试成绩通知单。

客观题考试合格成绩在本年度和下一个考试年度内有效。

三、主观题考试

(一)报名与交费

参加 2019 年、2020 年国家统一法律职业资格考试客观题考试成绩合格人员，可以报名参加主观题考试。主观题考试报名和交费时间为 11 月 10 日 0 时至 11 月 14 日 24 时，应试人员应当在客观题考试成绩公布之日起登录司法部网站确认参加主观题考试并按规定交纳考试费。逾期未确认并交费的，不予补报。

2019 年客观题考试成绩合格人员，确认报名参加 2020 年主观题考试的(不含参加 2020 年客观题考试的)，可以选择在工作、生活地所在省(区、市)、新疆生产建设兵团司法行政机关设置的考区参加主观题考试。

2020 年客观题考试成绩合格人员，应当到客观题考试报名地所在的省(区、市)、新疆生产建设兵团司法行政机关设置的考区参加主观题考试。

(二)考区考点设置

各省(区、市)、新疆生产建设兵团司法行政机关应按照主观题考试报考人数、交通状况、疫情防控工作需要和组织实施能力等因素集中设置主观题考试考区考点。

(三)考试内容与科目

主观题考试为一卷，包括案例分析题、法律文书题、论述题等题型，分值为 180 分。具体考查科目为：

中国特色社会主义法治理论、法理学、宪法、刑法、刑事诉讼法、民法、商法、民事诉讼法(含仲裁制度)、行政法与行政诉讼法、司法制度和法律职业道德

主观题考试设置选作题的，应试人员可选择其一作答。

（四）考试时间与方式

2020年国家统一法律职业资格考试主观题考试时间为11月28日。

主观题试卷：9：00—13：00，考试时间240分钟。

2020年国家统一法律职业资格考试主观题考试实行计算机化考试，试题、答题要求和答题界面均在计算机显示屏上显示。应试人员应当使用计算机鼠标及键盘在计算机答题界面上直接作答。考试系统支持5种输入法：搜狗全拼输入法、QQ全拼输入法、谷歌双拼输入法、搜狗五笔输入法（86版）、极品五笔输入法（86版），港澳考区应试人员也可以选择使用仓颉输入法和速成输入法，应试人员使用其中一种输入法作答。考试系统不支持手写板、语音等辅助输入设备与软件。

应试人员因身体、年龄等原因使用计算机考试确有困难的，可在确认报名参加主观题考试时申请使用纸笔答题方式，试题、答题要求均在计算机显示屏上显示，应试人员在答题纸上作答。

选择使用少数民族语言文字试卷的，实行纸笔答题方式，试题、答题要求均在计算机显示屏上显示，应试人员在答题纸上作答。

省（区、市）司法行政机关根据参加纸笔答题人员数量等情况集中设置纸笔考试考区考点考场，新疆生产建设兵团不设置纸笔考试考点考场。

主观题考试由司法行政机关为应试人员统一提供电子法律法规，应试人员在计算机上查阅。

（五）打印准考证

参加主观题考试人员，可于11月23日至11月27日登录司法部网站自行打印准考证。

（六）合格分数线

国家统一法律职业资格考试主观题考试实行全国统一评卷。

根据《国家统一法律职业资格考试实施办法》，主观题考试合格分数线由司法部商最高人民法院、最高人民检察院等有关部门确定。

司法部于2021年1月中旬前公布主观题考试成绩及合格分数线,应试人员可在司法部网站自行打印考试成绩通知单。

四、香港、澳门和台湾居民报考事宜

香港、澳门特别行政区永久性居民中的中国公民和台湾居民,可以报名参加国家统一法律职业资格考试。

司法部在香港、澳门特别行政区设立考区,举行考试。香港、澳门考区考试的具体工作,由香港、澳门特别行政区承办机构负责。

(一)报名信息

香港、澳门和台湾居民报名时须如实填报以下信息,并作出相应承诺。

1. 身份信息。

(1)香港、澳门居民。应使用香港、澳门居民身份证和香港、澳门居民来往内地通行证(回乡证)或者港澳居民居住证报名。不能填报来往内地通行证(回乡证)相关信息的,应在网上报名时间截止前,向香港或澳门考试承办机构提交由特别行政区身份证明机关出具的未放弃中国国籍的相关证明。香港居民也可以提交根据香港法例第十一章《宣誓及声明条例》作出的证明其未申请放弃中国国籍的法定声明。

(2)台湾居民。应使用台湾居民身份证和来往大陆通行证(台胞证)或者台湾居民居住证报名;没有办理来往大陆通行证的,应当填报台湾居民身份证和户籍誊本或者户口名簿相关信息。

2. 学历信息。香港、澳门和台湾居民持内地(大陆)高等学校毕业证书报名的,可以直接填报相关信息;持香港、澳门和台湾地区高等学校或者国外高等学校学历学位证书报名的,其学历学位证书须经教育部留学服务中心认证。国(境)外学历学位认证的具体要求,可以查阅教育部留学服务中心网站(www.cscse.edu.cn)。

(二)报名方式及交费

1. 报名方式。香港、澳门和台湾居民参加2020年国家统一法律职业资格考试,实行网上报名。逾期不予补报。

2. 报名及审核。香港、澳门和台湾居民选择在香港、澳门考区报名参加考试的，由香港、澳门考区考试承办机构核验相关信息，根据香港、澳门考区考试承办机构规定的时间办理交费和自行打印准考证事宜；选择在内地（大陆）报名参加考试的，应当按照报名地司法行政机关的公告办理有关报考事项。

（三）考试地点

1. 在内地（大陆）报名的，应当在报名地司法行政机关设置的考点参加考试。

2. 在香港、澳门考区报名的，应当在香港、澳门考区考试承办机构设置的考点参加考试。

3. 居住在台湾或者国（境）外的台湾居民网上报名时，可以选择在广东省深圳市考区或福建省厦门市考区参加考试。

香港、澳门和台湾居民参加2020年国家统一法律职业资格考试的其他事宜，按照《国家统一法律职业资格考试实施办法》及年度考试公告和通知有关规定执行。司法行政机关可告知应试人员登录司法部网站查询，并接受有关问题的咨询。

五、资格审核授予

通过2019年、2020年国家统一法律职业资格考试客观题考试的人员，参加2020年主观题考试取得合格成绩的，经审核符合资格授予条件的，由司法部授予法律职业资格，颁发法律职业资格证书。具体事宜由司法部另行公告。

普通高等学校、军队院校2021年全日制应届本科毕业生和以同等学力报考的应届硕士毕业生参加2020年国家统一法律职业资格考试客观题考试和主观题考试成绩合格的，应在规定期限内持毕业证书等材料向报名地司法行政机关申请授予法律职业资格。具体事宜由司法部另行公告。

六、其他事宜

（一）符合条件的报名人员，因不具备网络通讯条件或无法自行操作等原因不能完成网上报名或自行打印准考证的，可在规定期限内到报名地司法行政机关办理。

（二）各省（区、市）、新疆生产建设兵团司法行政机关和香港、澳门考区的考试承办机构应根据司法部公告和本通知规定，确定并及时公告本辖区具体报名事项。对因不具备网络通讯条件或无法自行操作等原因不能完成网上报名或者打印准考证的，可在规定期限内确定具体的现场办理时间和地点，一并向社会公告。

（三）符合条件的现役军人报考国家统一法律职业资格考试，应当通过司法部网站进行网上报名、交费和打印准考证，并到地方司法行政机关设置的考区参加考试。地方司法行政机关负责现役军人的报名信息审核、考试交费、考场编排等考务工作。现役军人报名参加考试的其他事宜，按照司法部和中央军委政法委员会有关通知要求办理。

（四）2020 年国家统一法律职业资格考试不公布试题及参考答案。主观题考试成绩公布后，应试人员如对考试成绩有异议的，可自考试成绩公布之日起 15 日内，向报名地司法行政机关提出分数核查的书面申请。

（五）司法部制定并公布的《2020 年国家统一法律职业资格考试大纲》可作为应试人员备考依据。司法行政机关不举办考前培训班，也不委托任何单位进行 2020 年国家统一法律职业资格考试考前培训辅导。

（六）国家统一法律职业资格考试组织实施相关规定出台前，适用原国家司法考试相关规定。

（七）各省（区、市）、新疆生产建设兵团司法厅（局）发布考试公告应当同时将电子版（或者传真件）发送至司法部网站，报送部法律职业资格管理局。

（八）司法部将根据疫情防控工作形势，对考试组织实施工作进行相应调整部署并发布相关通知、公告。

七、工作要求

（一）提高政治站位。要坚持以习近平新时代中国特色社会主义思想为指导，全面贯彻落实党的十九大和十九届二中、三中、四中全会精神，贯彻落实中央全面依法治国委员会第一次会议、第二次会议、第三次会议和中央政法工作会议精神，围绕推进革命化、正规化、专业化、职业化建设，深刻认识法律职业资格考试工作在全面依法治国中的重要职责，牢牢把握法律职业资格考试的政治属性，进一步增强做好新时代法律职业资格考试工作的使命感、责任感，精心组织实施好年度法律职业资格考试工作。

（二）抓好常态化疫情防控。要充分认清今年组织考试的复杂性、特殊性，做好在疫情形势下组织考试的思想准备、工作准备和物质准备。要根据党中央、国务院关于新冠肺炎疫情防控工作部署要求，及时向本地党委、政府汇报，推动将考试组织实施工作纳入当地疫情防控联防联控机制。完善疫情防控工作方案和应急预案，严格落实疫情防控各项措施，科学合理设置考区考点考场，适当拉开间距，减少考场人数，指导应试人员根据本地疫情防控工作部署参加考试，确保考试安全和人员健康。

（三）做好考试组织实施工作。要强化属地管理，明确考区主体责任，实行“分级管理、逐级负责”“谁主管、谁负责”，层层压实责任，狠抓责任落实。充分发挥考试协调工作机制作用，在党委、政府的统一领导下，积极发挥卫生健康、公安、网信、保密、教育等部门职能作用，形成考试组织实施、安全保密、疫情防控等工作合力。按照“从严治考、规范管理、热情服务”工作原则，严格落实“九个百分之百”要求，扎实做好机位检测、全要素测试等工作，切实做到“严密组织、严谨程序、严格标准、严明纪律”。深入分析考试可能出现的风险和隐患，进一步完善应急预案，提高处理突发事件能力，做好应急处置准备工作，确保考试安全顺利。

（四）严肃考风考纪。要着力抓好考场管理工作，加强监考、巡考工作，严肃查处违纪作弊人员，确保考试公平公正。加强考试诚信体系建设，积极争取公安、网信等部门的支持和配合，继续保持防范和打击考试作弊违纪违法行为的惩治力度，维护公平公正的考试环境。加强考试诚信教育，开展诚信考试和考试纪律宣传教育活动，重点宣传涉考法律法规、违纪作弊惩戒案例，引导考生自觉遵守考试纪律和考试规则，拒绝和抵制违纪作弊等违法违规行为。

（五）坚持服务应试人员。落实“放管服”改革部署和推行行政执法三项制度要求，继续推行网上报名信息个人承诺制，减少证明材料，根据考生报考数量分布等因素，优化考点考场编排方式，让应试人员就近参考，减少人员聚集和流动。为不能熟练操作计算机、视障、疾患等特殊应试人员参加考试提供便利和保障，在考试期间做好疫情防控、交通、住宿、饮食等方面的服务工作。继续做好为军队系统、港澳台地区应试人员的服务工作。

（六）做好宣传引导和舆情应对工作。各地要加强正面引导，抓好法律职业资格考试公告发布、报名、考试实施、成绩发布等重点环节的宣传工作，充分利用主流媒体和新媒体做好信息发布、政策解读、考生问答等说明引导工作，及时回应广大应试人员的关切。继续强化与公安、网信等部门的协作机制，加强网络舆情的预警、研判和引导工作，及时处置和封堵网络涉考有害信息。密切关注考试实施情况和社会反映，发现涉及法律职业资格考试涉密信息，应当及时报告上级司法行政机关，按照相关要求进行应急处置。

（七）强化教育培训工作。切实加强对考试工作管理人员和相关考务人员的培训，针对疫情防控条件下考试工作的新变化，切实强化法律职业资格考试制度规范、考务工作要求、机考技术操作、疫情防控和应急处置等的培训力度，提高考试管理队伍业务素质和能力。坚持问题导向，总结 2019 年考试工作做法和经验，加强对技术服务公司技术人员和监考人员的培训，确保熟练掌握考试工作规则，提高考试工作规程操作水平。加强保密教育，防止失泄密事件发生。

（八）严格请示报告。建立高效的信息沟通渠道，确保信息畅通。落实好请示报告制度，按时上报考试情况和数据，对重大突发情况要及时如实上报，对隐瞒不报的要严肃问责。执行政策规定遇到的问题和有关情况，要书面专报。

附件:1. 国家统一法律职业资格考试放宽地方名单
2. 2020 年国家统一法律职业资格考试工作时间表
3. 2020 年国家统一法律职业资格考试考区报表

附件 1

国家统一法律职业资格考试放宽地方名单

1. 北京市(无)

2. 天津市(无)

3. 河北省(48 个)

涞水县、阜平县、唐县、涞源县、望都县、易县、曲阳县、顺平县、宣化区(原宣化县辖区)、张北县、康保县、沽源县、尚义县、蔚县、阳原县、怀安县、万全区、承德县、平泉市、隆化县、丰宁满族自治县、围场满族蒙古族自治县、宽城满族自治县、大厂回族自治县、孟村回族自治县、行唐县、灵寿县、赞皇县、平山县、青龙满族自治县、大名县、魏县、临城县、巨鹿县、新河县、广宗县、平乡县、威县、赤城县、崇礼区、滦平县、海兴县、盐山县、南皮县、武邑县、武强县、饶阳县、阜城县、(涿鹿县赵家蓬区)

4. 山西省(36 个)

娄烦县、阳高县、天镇县、广灵县、灵丘县、浑源县、云州区(原大同县)、平顺县、壶关县、武乡县、右玉县、左权县、和顺县、平陆县、五台县、代县、繁峙县、宁武县、静乐县、神池县、五寨县、岢岚县、河曲县、保德县、偏关县、吉县、大宁县、隰县、永和县、汾西县、兴县、临县、石楼县、岚县、方山县、中阳县

5. 内蒙古自治区(70 个)

武川县、土默特左旗、托克托县、和林格尔县、清水河县、土默特右旗、固阳县、达尔罕茂明安联合旗、莫力达瓦达斡尔族自治旗、鄂伦春自治旗、阿荣旗、鄂温克族自治旗、陈巴尔虎旗、新巴尔虎左旗、新巴尔虎右旗、阿尔山市、科尔沁右翼前旗、科尔沁右翼中旗、扎赉特旗、突泉县、科尔沁左翼中旗、科尔沁左翼后旗、库伦旗、奈曼旗、开鲁县、扎鲁特旗、阿鲁科尔沁旗、巴林左旗、巴林右旗、林西县、翁牛特旗、喀喇沁旗、宁城县、敖汉旗、克什克腾旗、苏尼特右旗、太仆寺旗、正镶白旗、阿巴嘎旗、苏尼特左旗、东乌珠穆沁旗、西乌珠穆沁旗、镶黄旗、正蓝旗、多伦县、卓资县、化德县、商都县、兴和县、察哈尔右翼前旗、察哈尔右翼中旗、察哈尔右翼后旗、四子王旗、凉城县、达拉特旗、准格尔旗、鄂托克前旗、鄂托克旗、杭锦旗、乌审旗、伊金霍洛旗、五原县、磴口县、乌拉特前旗、乌拉特中旗、乌拉特后旗、杭锦后旗、阿拉善左旗、阿拉善右旗、额济纳旗

6. 辽宁省(8 个)

岫岩满族自治县、新宾满族自治县、清原满族自治县、本溪满族自治县、桓仁满族自治县、宽甸满族自治县、阜新蒙古族自治县、喀喇沁左翼蒙古族自治县

7. 吉林省(11 个)

长白朝鲜族自治县、前郭尔罗斯蒙古族自治县、伊通满族自治县、靖宇县、镇赉县、通榆县、大安市、龙井市、和龙市、汪清县、安图县

8. 黑龙江省(56 个)

巴彦县、通河县、木兰县、延寿县、龙江县、泰来县、甘南县、富裕县、林甸县、克东县、拜泉县、鹤岗市区(向阳区、工农区、南山区、兴安区、东山区、兴山区)、萝北县、绥滨县、饶河县、杜尔伯特蒙古族自

治县、伊美区、南岔县、友好区、金林区、乌翠区、丰林县、汤旺县、大箐山县、嘉荫县、铁力市、桦南县、桦川县、汤原县、抚远市、同江市、孙吴县、五大连池市、逊克县、北安市、嫩江市、瑷辉区、绥棱县、庆安县、明水县、青冈县、望奎县、兰西县、海伦市、呼玛县、塔河县、漠河市、加格达奇区、松岭区、新林区、呼中区

9. 上海市(无)

10. 江苏省(无)

11. 浙江省(1 个)

景宁畲族自治县

12. 安徽省(20 个)

潜山市、太湖县、宿松县、望江县、岳西县、利辛县、寿县、霍邱县、金寨县、临泉县、阜南县、颍上县、颍东区、砀山县、萧县、灵璧县、泗县、裕安区、舒城县、石台县

13. 福建省(无)

14. 江西省(24 个)

莲花县、赣县区、上犹县、安远县、宁都县、于都县、兴国县、会昌县、寻乌县、石城县、瑞金市、南康区、遂川县、万安县、永新县、井冈山市、乐安县、修水县、吉安县、广昌县、广信区、横峰县、余干县、鄱阳县

15. 山东省(无)

16. 河南省(38 个)

嵩县、汝阳县、洛宁县、栾川县、鲁山县、卢氏县、南召县、内乡县、

镇平县、淅川县、商水县、沈丘县、郸城县、淮阳区、太康县、新蔡县、兰考县、民权县、宁陵县、柘城县、光山县、新县、固始县、淮滨县、商城县、潢川县、宜阳县、滑县、封丘县、范县、台前县、社旗县、桐柏县、睢县、虞城县、上蔡县、平舆县、确山县

17. 湖北省(28 个)

郧阳区、郧西县、竹山县、竹溪县、房县、丹江口市、保康县、团风县、红安县、罗田县、英山县、蕲春县、麻城市、恩施市、利川市、建始县、巴东县、宣恩县、咸丰县、来凤县、鹤峰县、孝昌县、大悟县、秭归县、长阳土家族自治县、五峰土家族自治县、阳新县、神农架林区

18. 湖南省(40 个)

新邵县、邵阳县、隆回县、洞口县、绥宁县、新宁县、城步苗族自治县、武冈市、石门县、慈利县、桑植县、中方县、沅陵县、辰溪县、溆浦县、会同县、麻阳苗族自治县、新晃侗族自治县、芷江侗族自治县、靖州苗族侗族自治县、通道侗族自治县、新化县、涟源市、泸溪县、凤凰县、保靖县、古丈县、永顺县、龙山县、花垣县、茶陵县、炎陵县、宜章县、汝城县、桂东县、安仁县、安化县、平江县、新田县、江华瑶族自治县

19. 广东省(3 个)

乳源瑶族自治县、连山壮族瑶族自治县、连南瑶族自治县

20. 广西壮族自治区(65 个)

隆安县、马山县、上林县、融安县、融水苗族自治县、三江侗族自治县、龙胜各族自治县、资源县、田阳区、田东县、德保县、靖西市、那坡县、凌云县、乐业县、田林县、西林县、隆林各族自治县、昭平县、富川瑶族自治县、凤山县、东兰县、罗城仫佬族自治县、环江毛南族自治县、巴马瑶族自治县、都安瑶族自治县、大化瑶族自治县、忻城县、金

秀瑶族自治县、宁明县、龙州县、大新县、天等县、宾阳县、横县、柳城县、鹿寨县、阳朔县、灵川县、全州县、兴安县、永福县、灌阳县、平乐县、荔浦市、恭城瑶族自治县、苍梧县、藤县、蒙山县、合浦县、上思县、灵山县、浦北县、平南县、容县、陆川县、博白县、兴业县、平果市、钟山县、南丹县、天峨县、象州县、武宣县、扶绥县

21. 海南省(8个)

临高县、白沙黎族自治县、保亭黎族苗族自治县、琼中黎族苗族自治县、昌江黎族自治县、乐东黎族自治县、陵水黎族自治县、东方市

22. 重庆市(4个)

石柱土家族自治县、秀山土家族苗族自治县、酉阳土家族苗族自治县、彭水苗族土家族自治县

23. 四川省(72个)

叙永县、古蔺县、北川羌族自治县、平武县、昭化区、朝天区、旺苍县、青川县、剑阁县、苍溪县、沐川县、马边彝族自治县、嘉陵区、南部县、仪陇县、阆中市、屏山县、广安区、宣汉县、万源市、巴州区、通江县、南江县、平昌县、汶川县、理县、茂县、松潘县、九寨沟县、金川县、小金县、黑水县、马尔康市、壤塘县、阿坝县、若尔盖县、红原县、康定市、泸定县、丹巴县、九龙县、雅江县、道孚县、炉霍县、甘孜县、新龙县、德格县、白玉县、石渠县、色达县、理塘县、巴塘县、乡城县、稻城县、得荣县、木里藏族自治县、盐源县、普格县、布拖县、金阳县、昭觉县、喜德县、越西县、甘洛县、美姑县、雷波县、峨边彝族自治县、德昌县、会理县、会东县、宁南县、冕宁县

24. 贵州省(66个)

六枝特区、水城县、盘州市、桐梓县、正安县、道真仡佬族苗族自治县、务川仡佬族苗族自治县、凤冈县、湄潭县、习水县、赤水市、西秀

区、平坝县、普定县、镇宁布依族苗族自治县、关岭布依族苗族自治县、紫云苗族布依族自治县、大方县、黔西县、织金县、纳雍县、威宁彝族回族苗族自治县、赫章县、江口县、玉屏侗族自治县、石阡县、思南县、印江土家族苗族自治县、德江县、沿河土家族自治县、松桃苗族自治县、碧江区、万山特区、兴仁市、普安县、晴隆县、贞丰县、望谟县、册亨县、安龙县、七星关区、黄平县、施秉县、三穗县、镇远县、岑巩县、天柱县、锦屏县、剑河县、台江县、黎平县、榕江县、从江县、雷山县、麻江县、丹寨县、荔波县、贵定县、瓮安县、独山县、平塘县、罗甸县、长顺县、龙里县、惠水县、三都水族自治县

25. 云南省(96 个)

东川区、禄劝彝族苗族自治县、寻甸回族彝族自治县、师宗县、罗平县、富源县、会泽县、宣威市、隆阳区、施甸县、龙陵县、昌宁县、昭阳区、鲁甸县、巧家县、盐津县、大关县、永善县、绥江县、镇雄县、彝良县、威信县、玉龙纳西族自治县、永胜县、宁蒗彝族自治县、宁洱哈尼族彝族自治县、墨江哈尼族自治县、景东彝族自治县、景谷傣族彝族自治县、镇沅彝族哈尼族拉祜族自治县、江城哈尼族彝族自治县、孟连傣族拉祜族佤族自治县、澜沧拉祜族自治县、西盟佤族自治县、临翔区、凤庆县、云县、永德县、镇康县、双江拉祜族佤族布朗族傣族自治县、耿马傣族佤族自治县、沧源佤族自治县、双柏县、牟定县、南华县、姚安县、大姚县、永仁县、武定县、屏边苗族自治县、石屏县、泸西县、元阳县、红河县、金平苗族瑶族傣族自治县、绿春县、文山市、砚山县、西畴县、麻栗坡县、马关县、丘北县、广南县、富宁县、勐海县、勐腊县、漾濞彝族自治县、祥云县、宾川县、弥渡县、南涧彝族自治县、巍山彝族回族自治县、永平县、云龙县、洱源县、剑川县、鹤庆县、芒市、梁河县、盈江县、陇川县、泸水市、福贡县、贡山独龙族怒族自治县、兰坪白族普米族自治县、香格里拉市、德钦县、维西傈僳族自治县、石林彝族自治县、峨山彝族自治县、新平彝族傣族自治县、元江哈尼族彝族傣族自治县、河口瑶族自治县、元谋县、禄丰县、建水县

26. 西藏自治区(全区共 74 个)

27. 陕西省(56 个)

扶风县、陇县、千阳县、麟游县、永寿县、长武县、淳化县、周至县、太白县、南郑区、城固县、洋县、西乡县、勉县、宁强县、略阳县、镇巴县、留坝县、佛坪县、汉滨区、汉阴县、石泉县、宁陕县、紫阳县、岚皋县、平利县、镇坪县、旬阳县、白河县、商州区、洛南县、丹凤县、商南县、山阳县、镇安县、柞水县、横山区、绥德县、米脂县、佳县、吴堡县、清涧县、子洲县、印台区、耀州区、宜君县、旬邑县、合阳县、澄城县、蒲城县、白水县、富平县、延长县、延川县、宜川县、定边县

28. 甘肃省(61 个)

永登县、皋兰县、榆中县、靖远县、会宁县、景泰县、麦积区、清水县、秦安县、甘谷县、武山县、张家川回族自治县、古浪县、天祝藏族自治县、崆峒区、泾川县、灵台县、庄浪县、静宁县、庆城县、环县、华池县、合水县、正宁县、宁县、镇原县、安定区、通渭县、陇西县、渭源县、临洮县、漳县、岷县、武都区、成县、文县、宕昌县、康县、西和县、礼县、徽县、两当县、临夏市、临夏县、康乐县、永靖县、广河县、和政县、东乡族自治县、积石山保安族东乡族撒拉族自治县、合作市、临潭县、卓尼县、舟曲县、迭部县、玛曲县、碌曲县、夏河县、肃北蒙古族自治县、阿克塞哈萨克族自治县、肃南裕固族自治县

29. 青海省(41 个)

大通回族土族自治县、湟中区、湟源县、平安县、民和回族土族自治县、乐都县、互助土族自治县、化隆回族自治县、循化撒拉族自治县、门源回族自治县、祁连县、海晏县、刚察县、同仁市、尖扎县、泽库县、河南蒙古族自治县、共和县、同德县、贵德县、兴海县、贵南县、玛沁县、班玛县、甘德县、达日县、久治县、玛多县、玉树县、杂多县、称多

县、治多县、囊谦县、曲麻莱县、格尔木市、德令哈市、乌兰县、都兰县、天峻县、茫崖市、大柴旦行委

30. 宁夏回族自治区(12 个)

盐池县、同心县、原州区、西吉县、隆德县、泾源县、彭阳县、海原县、永宁县、贺兰县、平罗县、中宁县

31. 新疆维吾尔自治区(98 个)

乌鲁木齐县、独山子区、克拉玛依区、白碱滩区、乌尔禾区、高昌区、鄯善县、托克逊县、伊州区、巴里坤哈萨克自治县、伊吾县、昌吉市、阜康市、呼图壁县、玛纳斯县、奇台县、吉木萨尔县、木垒哈萨克自治县、博乐市、阿拉山口市、精河县、温泉县、库尔勒市、轮台县、尉犁县、若羌县、且末县、焉耆回族自治县、和静县、和硕县、博湖县、阿克苏市、温宿县、库车市、沙雅县、新和县、拜城县、乌什县、阿瓦提县、柯坪县、阿图什市、阿克陶县、阿合奇县、乌恰县、喀什市、疏附县、疏勒县、英吉沙县、泽普县、莎车县、叶城县、麦盖提县、岳普湖县、伽师县、巴楚县、塔什库尔干塔吉克自治县、和田市、和田县、墨玉县、皮山县、洛浦县、策勒县、于田县、民丰县、伊宁市、奎屯市、霍尔果斯市、伊宁县、察布查尔锡伯自治县、霍城县、巩留县、新源县、昭苏县、特克斯县、尼勒克县、塔城市、乌苏市、额敏县、沙湾县、托里县、裕民县、和布克赛尔蒙古自治县、阿勒泰市、布尔津县、富蕴县、福海县、哈巴河县、青河县、吉木乃县、石河子市、阿拉尔市、图木舒克市、五家渠市、北屯市、铁门关市、双河市、可克达拉市、昆玉市

附件 2

2020 年国家统一法律职业资格考试工作时间表

序号	时间	周期	工作内容
一、客观题考试			
1	6 月底(待定)		发布考试公告、通知
2	7 月初		开通报名系统内部测试网络平台,各地登录系统进行测试
3	7 月中旬(待定)		举办全国司法厅(局)考试业务管理干部培训
4	7 月下旬		各地与机考服务公司工作对接,开展考试培训工作
5	7 月 28 日 - 8 月 12 日	16 天	网上报名、审核
6	8 月 16 日前		完成报名审核和交费工作
7	7 月上旬 - 9 月中旬(待定)		发布应届毕业生资格申请审核公告、通知,开展网上申请,各地进行申请受理、初审和复审
8	7 月中旬 - 8 月底		各地组织开展对预选考点考场机位测试
9	9 月 15 日前		各地确定考点考场,复审报名材料,完成考试环境及机位测试

续表

序号	时间	周期	工作内容
10	9月15日－20日(待定)	6天	组织应届毕业生资格集中审核、进行考务工作培训
11	9月底－10月初(待定)		召开全国司法厅(局)考试工作座谈会
12	10月5日前		各地完成考点考场信息录入
13	10月5日－15日	11天	各考区上报草稿纸需求量及接收信息,做好接收、保管和分发工作
14	10月15日－19日	5天	自考生登录考试报名系统签署《单科成绩已全部合格承诺书》
15	10月16日－20日	5天	编排考场、生成准考证
16	10月21日至30日	10天	打印准考证
17	10月29日、30日		完成全要素测试、系统部署、仿真测试、封场测试等考务准备工作
18	10月31日、11月1日	2天	举行考试
19	11月10日		公布客观题考试成绩和合格分数线,发布主观题考试公告
二、主观题考试			
20	11月10日－14日	5天	主观题考试网上确认报名交费
21	11月15日前		各地审核主观题考试阶段申请放宽人员填报有关信息
22	11月16日		各考区上报草稿纸需求量及接收信息,做好接收、保管和分发工作

续表

序号	时间	周期	工作内容
23	11 月 17 日前		各地完成主观题机考(含纸笔答题)考点考场信息录入
24	11 月 18 日		编排考场、生成准考证
25	11 月 19 日		各地生成并上报答题纸封装表及接收时间、地点、联系人及联系方式至部考试中心
26	11 月 22 日 –25 日	4 天	各地接收答题纸、草稿纸
27	11 月 23 日 –27 日	5 天	完成全要素测试、系统部署、封场测试等考务工作准备,打印准考证
28	11 月 28 日上午		主观题考试
29	11 月 28 日 –30 日	3 天	答题纸返送至评卷地
30	2021 年 1 月中旬前		公布考试成绩和合格分数线
31	2021 年 1 月中下旬		受理主观题成绩分数核查申请
32	2021 年 2 月中下旬		完成分数核查,下发结果
三、资格申请授予			
33	2021 年		受理、初审和复审核资格申请材料
34	2021 年		各地报送审核工作报告和申请材料
35	2021 年		审核、制作、发放资格证书

附件 3

2020 年国家统一法律职业资格考试考区报表

__________省(区、市)

序号	拟设考区的地(市)	考区涵盖的地(市)

制表人: 签报人: 上报时间:

中华人民共和国司法部公告

(2020 年 7 月 2 日　第 5 号)

根据《国家统一法律职业资格考试实施办法》等有关规定,现就 2020 年国家统一法律职业资格考试公告如下。

一、报名条件

(一)符合以下条件人员,可以报名参加国家统一法律职业资格考试:

1. 具有中华人民共和国国籍;

2. 拥护中华人民共和国宪法,享有选举权和被选举权;

3. 具有良好的政治、业务素质和道德品行;

4. 具有完全民事行为能力;

5. 具备全日制普通高等学校法学类本科学历并获得学士及以上学位,全日制普通高等学校非法学类本科及以上学历并获得法律硕士、法学硕士及以上学位,全日制普通高等学校非法学类本科及以上学历并获得相应学位且从事法律工作满三年。

《国家统一法律职业资格考试实施办法》实施前已取得学籍(考籍)或者已取得相应学历的高等学校法学类专业本科及以上学历毕业生,或者高等学校非法学类专业本科及以上学历毕业生并具有法律专业知识的,可以报名参加国家统一法律职业资格考试。

各省、自治区、直辖市所辖自治县(旗),各自治区所辖县(旗),各自治州所辖县;国务院审批确定的集中连片特殊困难地区所辖县(县级市、区)和国家扶贫开发工作重点县(县级市、区,重庆市的 10 个重点县、区除外);新疆维吾尔自治区所辖的县级市、区(乌鲁木齐市所辖的区除外);黑龙江省大小兴安岭地区等艰苦边远地区,可以将报名学历条件放宽为高等学校本科毕业。

普通高等学校、军队院校2021年全日制应届本科毕业生(包括专升本,下同)和以同等学力报考的应届硕士毕业生可以报名参加2020年国家统一法律职业资格考试。

已经完成学业但尚未取得学历学位证书的普通高等学校2020年应届本科毕业生和继续教育(包括网络教育、成人教育、开放大学等)的2020年本科毕业生,可以报名参加2020年国家统一法律职业资格考试。

参加高等教育自学考试人员,在2020年9月30日前取得单科成绩全部合格且本年度内取得毕业证书的,可以报名参加2020年国家统一法律职业资格考试。

(二)有下列情形之一的人员,不得报名参加国家统一法律职业资格考试:

1. 因故意犯罪受过刑事处罚的;

2. 曾被开除公职或者曾被吊销律师执业证书、公证员执业证书的;

3. 被吊销法律职业资格证书的;

4. 被给予二年内不得报名参加国家统一法律职业资格考试处理期限未满或者被给予终身不得报名参加国家统一法律职业资格考试(国家司法考试)处理的;

5. 因严重失信行为被国家有关单位确定为失信联合惩戒对象并纳入国家信用信息共享平台的;

6. 因其他情形被给予终身禁止从事法律职业处理的。

有前款规定情形之一的人员,已经办理报名手续的,报名无效;已经参加考试的,考试成绩无效。

已经取得A类法律职业资格证书的,不得报名参加2020年法律职业资格考试。

(三)参加2019年法律职业资格考试客观题考试成绩达到全国

统一合格分数线或者放宽合格分数线的,合格成绩在2020年法律职业资格考试中有效。其中,达到全国统一合格分数线的,可在主观题考试报名时确认参加2020年主观题考试,符合放宽政策的可同时申请享受放宽政策;达到放宽合格分数线的,可报名参加2020年客观题考试和主观题考试,或者直接确认参加2020年主观题考试。

(四)报名人员可选择使用汉文或者蒙古文、藏文、维吾尔文、哈萨克文、朝鲜文五种少数民族语言文字试卷参加考试。应试人员应当使用同一语言文字试卷参加客观题考试和主观题考试。香港、澳门和台湾居民可以选择使用简体汉字或者繁体汉字填报本人信息和答题。

二、客观题考试

(一)报名方式与时间

2020年国家统一法律职业资格考试客观题考试实行网上报名,报名时间为7月28日0时至8月12日24时。报名人员应当在规定期限内登录司法部网站(www.moj.gov.cn),按照网上报名要求、流程及步骤填报个人信息。逾期不予补报。

(二)报名材料

报名人员报名时应当具有以下材料:

1. 有效居民身份证。

2. 毕业证书。本人毕业证书应当能够在全国高等学校学生信息咨询与就业指导中心网站查询或认证。

3. 申请享受放宽政策人员,须具有放宽报名学历条件地方户籍。网上报名时,应上传户口簿首页及本人页电子照片。

4. 电子证件照片。报名人员应当提供符合规定格式(宽413像素×高626像素)要求的本人近三个月内彩色(红、蓝、白底色均可)正面免冠电子证件照片。此照片将作为本人准考证、考试成绩通知单、法律职业资格授予申请表、法律职业资格证书唯一使用照片。

5. 司法行政机关要求的其他材料。报名人员应当如实、准确填报个人信息,对报名信息作出真实有效承诺,并对填报材料实质内容的真实性负责。普通高等学校、军队院校2021年全日制应届本科毕业生和以同等学力报考的应届硕士毕业生网上报名时，应当签署《应届毕业生承诺书》。参加高等教育自学考试在2020年9月30日前取得单科成绩全部合格且本年度内取得毕业证书的人员，网上报名时应当填写《单科成绩合格情况说明》，并于10月15日至10月19日登录考试报名系统签署《单科成绩已全部合格承诺书》；逾期未签署承诺书的，报名无效，不予打印准考证。

报名人员填报虚假信息或以其他方式骗取报名的，司法行政机关将按照《国家统一法律职业资格考试违纪行为处理办法》等规定进行处理。

（三）交纳考试费及选择报名地

报名人员应当按照报名地司法行政机关公告的标准和支付方式交纳考试费。客观题考试网上交费截止时间为8月16日24时。

报名人员可在各省（区、市）、新疆生产建设兵团司法行政机关设置的考区选择报名。交纳客观题考试的考试费后，不得更改报名地。

选择使用少数民族语言文字试卷的需在设置相应考点考场的考区报名，内蒙古自治区设蒙古文考点考场，西藏自治区、青海省设藏文考点考场，新疆维吾尔自治区设蒙古文、维吾尔文、哈萨克文考点考场，吉林省设朝鲜文考点考场。

（四）考试内容与科目

国家统一法律职业资格考试实行全国统一命题。司法部制定并公布的《2020年国家统一法律职业资格考试大纲》作为命题依据。

2020年国家统一法律职业资格考试客观题考试共两卷。分为试卷一、试卷二，每张试卷100道试题，分值为150分，其中单项选择题50题、每题1分，多项选择题和不定项选择题共50题、每题2分，两张试卷总分为300分。具体考查科目为：

试卷一：中国特色社会主义法治理论、法理学、宪法、中国法律史、国际法、司法制度和法律职业道德、刑法、刑事诉讼法、行政法与

行政诉讼法

试卷二:民法、知识产权法、商法、经济法、环境资源法、劳动与社会保障法、国际私法、国际经济法、民事诉讼法(含仲裁制度)

(五)考试时间与方式

2020年国家统一法律职业资格考试客观题考试实行分批次考试方式。报名地司法行政机关按各考区机位数量和报考人数确定应试人员考试批次,分为10月31日、11月1日共两个批次,应试人员参加其中的一个批次考试。具体为:

第1批次考试时间:

试卷一:10月31日9:00—12:00,考试时间180分钟。

试卷二:10月31日14:30—17:30,考试时间180分钟。

第2批次考试时间:

试卷一:11月1日9:00—12:00,考试时间180分钟。

试卷二:11月1日14:30—17:30,考试时间180分钟。

2020年国家统一法律职业资格考试客观题考试实行闭卷、计算机化考试方式,试题、答题要求和答题界面均在计算机显示屏上显示,应试人员应当使用计算机鼠标或键盘在计算机答题界面上直接作答。

(六)打印准考证

报名人员经司法行政机关审核,符合报考条件的,准予核发准考证。报名人员可于10月21日至10月30日登录司法部网站自行打印准考证。

(七)合格分数线

国家统一法律职业资格考试客观题考试实行全国统一计算机评卷。

根据《国家统一法律职业资格考试实施办法》,2020年国家统一法律职业资格考试客观题考试合格分数线由司法部商最高人民法院、最高人民检察院等有关部门确定。11月10日,司法部公布客观题考试成绩及合格分数线,应试人员可在司法部网站自行打印考试成绩通知单。

客观题考试合格成绩在本年度和下一个考试年度内有效。

三、主观题考试

(一)报名与交费

参加2019年或者2020年国家统一法律职业资格考试客观题考试成绩合格人员,可以报名参加2020年主观题考试。主观题考试报名和交费时间为11月10日0时至11月14日24时,应试人员应当在客观题考试成绩公布之日起5日内登录司法部网站确认参加主观题考试并按规定交纳考试费。逾期未确认并交费的,不予补报。

2019年客观题考试成绩合格人员,确认报名参加2020年主观题考试的(不含参加2020年客观题考试的),可以选择在工作、生活地所在省(区、市)、新疆生产建设兵团司法行政机关设置的考区参加主观题考试。

2020年客观题考试成绩合格人员,应当到客观题考试报名地所在的省(区、市)、新疆生产建设兵团司法行政机关设置的考区参加主观题考试。

(二)考区考点设置

主观题考试的考区考点应当按照参加主观题考试报考人数、交通状况、疫情防控工作需要和组织实施能力等因素进行集中设置。

(三)考试内容与科目

主观题考试为一卷,包括案例分析题、法律文书题、论述题等题型,分值为180分。具体考查科目为:

中国特色社会主义法治理论、法理学、宪法、刑法、刑事诉讼法、民法、商法、民事诉讼法(含仲裁制度)、行政法与行政诉讼法、司法制度和法律职业道德

主观题考试设置选作题的,应试人员可选择其一作答。

(四)考试时间与方式

2020年国家统一法律职业资格考试主观题考试时间为11月28日。

主观题试卷:9:00—13:00,考试时间240分钟。

2020年国家统一法律职业资格考试主观题考试实行计算机化考试,试题、答题要求和答题界面均在计算机显示屏上显示。应试人员应当使用计算机鼠标及键盘在计算机答题界面上直接作答。考试系统支持5种输入法:搜狗全拼输入法、QQ全拼输入法、谷歌双拼输入法、搜狗五笔输入法(86版)、极品五笔输入法(86版),港澳考区应试人员可以选择使用仓颉输入法和速成输入法,应试人员使用其中一种输入法作答。考试系统不支持手写板、语音等辅助输入设备与软件。

应试人员因身体、年龄等原因使用计算机考试确有困难的,可在确认报名参加主观题考试时申请使用纸笔答题方式,试题、答题要求均在计算机显示屏上显示,应试人员在答题纸上作答。

选择使用少数民族语言文字试卷的,实行纸笔答题方式,试题、答题要求均在计算机显示屏上显示,应试人员在答题纸上作答。

省(区、市)司法行政机关根据参加纸笔答题人员数量等情况集中设置纸笔考试考区考点考场,新疆生产建设兵团不设置纸笔考试考点考场。

主观题考试由司法行政机关为应试人员统一提供电子法律法规,应试人员在计算机上查阅。

(五)打印准考证

参加主观题考试人员,可于11月23日至11月27日登录司法部网站自行打印准考证。

(六)合格分数线

国家统一法律职业资格考试主观题考试实行全国统一评卷。

根据《国家统一法律职业资格考试实施办法》,主观题考试合格分数线由司法部商最高人民法院、最高人民检察院等有关部门确定。司法部于2021年1月中旬前公布主观题考试成绩及合格分数线,应试人员可在司法部网站自行打印考试成绩通知单。

四、香港、澳门和台湾居民报考事宜

香港、澳门特别行政区永久性居民中的中国公民和台湾居民,可以报名参加国家统一法律职业资格考试。

司法部在香港、澳门特别行政区设立考区,举行考试。香港、澳门考区考试的具体工作,由香港、澳门特别行政区有关机构承办。

(一)报名信息

香港、澳门和台湾居民报名时须如实填报以下信息,并作出承诺。

1. 身份信息。

(1)香港、澳门居民。应使用香港、澳门居民身份证和香港、澳门居民来往内地通行证(回乡证)或者港澳居民居住证报名。不能填报来往内地通行证(回乡证)相关信息的,应在网上报名时间截止前,向香港或澳门考试承办机构提交由特别行政区身份证明机关出具的未放弃中国国籍的相关证明。香港居民也可以提交根据香港法例第十一章《宣誓及声明条例》作出的证明其未申请放弃中国国籍的法定声明。

(2)台湾居民。应使用台湾居民身份证和来往大陆通行证(台胞证)或者台湾居民居住证报名。没有办理台湾居民来往大陆通行证的,应当填报台湾居民身份证和户籍誊本或者户口名簿相关信息。

2. 学历信息。香港、澳门和台湾居民持内地(大陆)高等学校毕业证书报名的,可以直接填报相关信息;持香港、澳门、台湾地区或者国外高等学校学历学位证书报名的,其学历学位证书须经教育部留学服务中心认证,符合报考学历学位条件的,可以报名参加国家统一法律职业资格考试。国(境)外学历学位认证的具体要求,可以查阅教育部留学服务中心网站(www. cscse. edu. cn)。

(二)报名方式及交费

1. 报名方式。香港、澳门和台湾居民参加2020年国家统一法律职业资格考试,实行网上报名,香港、澳门考区不进行现场确认。逾期不予补报。

2. 报名及审核。香港、澳门和台湾居民选择在香港、澳门考区报名参加考试的，由香港、澳门考区考试承办机构核验相关信息，根据香港、澳门考区考试承办机构规定的时间办理交费和自行打印准考证事宜；选择在内地（大陆）报名参加考试的，应当按照报名地司法行政机关的公告办理有关报考事项。

（三）考试地点

1. 在内地（大陆）报名的，应当在报名地司法行政机关设置的考点参加考试。

2. 在香港、澳门考区报名的，应当在香港、澳门考区考试承办机构设置的考点参加考试。

3. 居住在台湾或者国（境）外的台湾居民网上报名时，可以选择在广东省深圳市考区或福建省厦门市考区参加考试。

香港、澳门和台湾居民参加 2020 年国家统一法律职业资格考试的其他事宜，按照《国家统一法律职业资格考试实施办法》及年度考试公告和通知有关规定执行。司法行政机关可告知应试人员登录司法部网站查询，并接受有关问题的咨询。

五、资格审核授予

通过 2019 年、2020 年国家统一法律职业资格考试客观题考试的人员，参加 2020 年主观题考试取得合格成绩的，经审核符合资格授予条件的，由司法部授予法律职业资格，颁发法律职业资格证书。具体事宜由司法部另行公告。

普通高等学校、军队院校 2021 年全日制应届本科毕业生和以同等学力报考的应届硕士毕业生参加 2020 年国家统一法律职业资格考试客观题考试和主观题考试成绩合格的，应在规定期限内持毕业证书等材料向司法行政机关申请授予法律职业资格。具体事宜由司法部另行公告。

法律职业资格证书的适用范围及管理，按司法部和最高人民法院、最高人民检察院等部门的有关规定执行。

六、其他事宜

(一)符合条件的报名人员,因不具备网络通讯条件或无法自行操作等原因不能完成网上报名或自行打印准考证的,可在规定期限内到报名地司法行政机关办理。

(二)符合条件的现役军人报考国家统一法律职业资格考试,应当通过司法部网站进行网上报名、交纳考试费、打印准考证,并到地方司法行政机关设置的考区参加考试。现役军人报名参加考试的其他事宜,按照司法部和中央军委政法委员会有关通知要求办理。

(三)2020 年国家统一法律职业资格考试不公布试题及参考答案。主观题考试成绩公布后,应试人员如对考试成绩有异议的,可自考试成绩公布之日起 15 日内,向报名地司法行政机关提出分数核查的书面申请。

(四)国家统一法律职业资格考试组织实施相关规定出台前,适用原国家司法考试相关规定。

(五)司法部制定并公布的《2020 年国家统一法律职业资格考试大纲》可作为应试人员备考依据。司法部和各地司法行政机关不举办考前培训班,也不委托任何单位进行 2020 年国家统一法律职业资格考试考前培训辅导。

(六)应试人员参加考试,应当遵守考区所在地有关新冠肺炎疫情防控工作规定,自觉配合做好疫情防控工作。

(七)司法部将根据疫情防控工作形势,对考试组织实施工作进行相应调整并发布相关公告,请应试人员及时关注。

关于 2020 年国家统一法律职业资格考试的其他事宜,应试人员可登录司法部网站查询或向司法部、报名地司法行政机关咨询。

司法部关于做好审核授予参加2019年国家统一法律职业资格考试成绩合格的普通高等学校2020年应届毕业生法律职业资格工作的通知

（2020年7月28日　司发通〔2020〕63号）

各省、自治区、直辖市司法厅(局),新疆生产建设兵团司法局:

司法部于7月28日公布参加2019年国家统一法律职业资格考试成绩合格的普通高等学校2020年应届毕业生申请授予法律职业资格事项。现就有关工作通知如下:

一、网上申请

参加2019年国家统一法律职业资格考试达到合格分数线的普通高等学校、军队院校2020年全日制应届本科毕业生(包括专升本)和以同等学力报考的应届硕士毕业生,应于2020年8月10日9时至14日24时登录司法部网站(http://www.moj.gov.cn),填报申请授予法律职业资格相关信息。申请人可以选择在居住地、户籍地或工作地申请授予法律职业资格。

户籍在放宽报名学历条件地方、考试成绩达到放宽合格分数线的申请人,须选择在本人户籍所在地的市(地、州、盟)司法行政机关办理申请授予法律职业资格事宜。申请人毕业后因学习、工作等原因将户籍已迁至放宽报名学历条件地方的,按照特殊情况补录人员,比照上述规定办理,本人应直接前往户籍所在地的市(地、州、盟)司法行政机关提出申请,不在网上填报信息。

在内地就学毕业的香港、澳门、台湾地区申请人,可以选择内地的地市司法行政机关办理申请授予法律职业资格事宜。

已取得 2019 年考试合格成绩人员放弃申请的,应向报考地司法行政机关说明情况。

二、审核工作

网上申请工作结束后,司法部对申请人学历信息、户籍信息进行统一核验,及时下发核验结果。各地市司法行政机关应于 8 月 24 日至 28 日,现场接收申请材料,受理申请。申请材料包括:

(一)2019 年国家统一法律职业资格考试法律职业资格申请表(2 份)。

(二)居民身份证原件。

港澳居民还需同时提交港澳居民来往内地通行证或者港澳居民居住证原件;台湾居民还需同时提交台湾居民来往大陆通行证或者台湾居民居住证原件。

(三)符合放宽报名学历条件、放宽合格分数线条件的申请人,需提交本人报名时上传的户口簿原件。

(四)高等学校毕业证书原件。

(五)与本人 2019 年国家统一法律职业资格考试网上报名上传照片同一底片 2 寸(46mm×32mm)免冠彩色证件照片 4 张。

(六)根据规定需要提供的其他材料。

以上材料原件现场审验后复印或扫描留存,原件退回。

申请人申请材料齐全并符合法定形式的,司法行政机关以集中受理的方式受理法律职业资格申请。申请材料不齐全或不符合法定形式的,应不予受理,由司法行政机关当场或在五个工作日内一次告知需要补正的全部材料或内容,申请人补正后,司法行政机关可以采用个别受理的方式受理申请。申请人在规定期限内未提出申请且无正当理由的,视为自行放弃,司法行政机关不再受理。

各地审核机关应当通过司法部法律职业资格管理系统,对申请人网上填报的申请信息进行审核确认,扫描制作申请材料电子档案。

对户口已迁至放宽报名学历条件地方、成绩达到放宽合格分数线的申请人，在现场审核时，初审机关须核验户口簿及证明材料、登录管理系统补录申请人信息。对网上申请期间未进行网上申请的成绩合格人员，由原报名地司法行政机关负责通知，告知其在8月28日前提出申请，逾期不予受理。

各省（区、市）司法厅（局）应于9月14日前完成审核工作，并在司法部集中审核期间向我部提交审核工作报告。报告应汇总本地区资格审核全面情况及相关数据，并对特殊情况和存在问题作出详尽说明。

司法部拟于9月14日至18日对各省（区、市）司法厅（局）报送的申请人材料进行集中审核。经审核符合资格授予条件的，司法部授予法律职业资格，颁发《法律职业资格证书》。集中审核的具体安排和证书颁发事宜另行通知。如因疫情影响需对法律职业资格审核和证书颁发工作进行调整，我部另行发布公告、通知。

三、上报材料

初审机关应当在初审工作结束后向上一级司法行政机关提交审核报告；各省（区、市）司法厅（局）复审后向司法部上报相关材料，主要包括：

（一）审核报告。附：

1.《2019年国家统一法律职业资格考试法律职业资格审批呈报表》

2.《2019年国家统一法律职业资格考试不予授予法律职业资格意见表》

（二）《2019年国家统一法律职业资格考试法律职业资格申请表》。

（三）居民身份证复印件。

（四）毕业证书复印件。

（五）符合放宽合格分数线条件申请人的户口簿（首页、本人页）复印件。

（六）疑难学历查询结果、户籍或身份证信息变更证明等其他材料。

四、工作要求

（一）各级司法行政机关要认真落实《法律职业资格审核认定工作规范》，建立工作机制，明确岗位责任，严格执行制度，提高服务质量。

（二）各地应在政务大厅或其他规范场所集中进行现场受理资格申请工作，按照各地疫情联防联控工作要求，完善疫情防控工作方案和应急预案，落实疫情防控措施，确保工作场所和人员安全。

（三）认真执行审核工作标准，仔细核验申请人网上报名信息和资格申请信息，做好申请材料收集、汇总和电子档案制作等工作，确保申请材料内容准确、真实有效。

（四）严格遵守审核工作制度和纪律，禁止违规操作、弄虚作假、瞒报漏报，按照规定时间和工作安排，认真完成材料审核和逐级上报工作。鉴于审核工作时间紧、任务重，建议各省（区、市）采取省、市两级司法行政机关集中审核本地申请人申请材料的工作方法，提高审核工作的质量和效率。

附件：1. 2019 年国家统一法律职业资格考试法律职业资格申请表

2. 2019 年国家统一法律职业资格考试法律职业资格审批呈报表

3. 2019 年国家统一法律职业资格考试不予授予法律职业资格意见表

4. 法律职业资格申请受理单

5. 行政许可不予受理通知书

6. 法律职业资格申请补正材料通知书（学历）

7. 法律职业资格申请补正材料通知书（其他）

8. 户籍信息确认表

附件1

2019年国家统一法律职业资格考试
法律职业资格申请表

<table>
<tr><td>姓　　名</td><td></td><td>性　　别</td><td></td><td>年　　龄</td><td colspan="2"></td><td rowspan="5">贴照片处
46mm×32mm</td></tr>
<tr><td>身份证号</td><td></td><td>民　　族</td><td></td><td>政治面貌</td><td colspan="2"></td></tr>
<tr><td>学　　历</td><td></td><td>毕业专业</td><td></td><td>职　　业</td><td colspan="2"></td></tr>
<tr><td>客观题考区</td><td></td><td>准考证号</td><td colspan="2"></td><td>成绩</td><td></td></tr>
<tr><td>主观题考区</td><td></td><td>准考证号</td><td colspan="2"></td><td>成绩</td><td></td></tr>
<tr><td>申 请 地</td><td colspan="4">省(区、市)　　市</td><td>代码</td><td colspan="2">□□□□</td></tr>
<tr><td>户 籍 地</td><td colspan="4">省(区、市)　　市　　县</td><td>代码</td><td colspan="2">□□□□□□</td></tr>
<tr><td>联系地址</td><td colspan="3"></td><td colspan="2">联 系 电 话</td><td colspan="2"></td></tr>
<tr><td rowspan="2">毕业院校</td><td colspan="3" rowspan="2"></td><td colspan="2">毕业证书编号</td><td colspan="2"></td></tr>
<tr><td colspan="2">毕 业 年 份</td><td colspan="2">□□□□</td></tr>
<tr><td>学习情况、学历及其证明</td><td colspan="7"></td></tr>
<tr><td>有无《国家统一法律职业资格考试实施办法》第十条规定的情形</td><td colspan="3"></td><td colspan="2">有无《国家统一法律职业资格考试违纪行为处理办法》第五、六、七、八、九条规定情况</td><td colspan="2"></td></tr>
<tr><td>审核机关意见</td><td colspan="3">市司法局</td><td colspan="4">省(区、市)司法厅(局)</td></tr>
</table>

本人承诺:以上填报内容真实准确。如有不实,本人自愿承担由此引起的一切后果,并放弃法律职业资格申请。

申请人签名:

年　　月　　日

附件 2

2019 年国家统一法律职业资格考试法律职业资格审批呈报表

呈报机关:(盖章)　　　　　　　　　　　　类别:(　　)类

序号	姓名	性别	年龄	民族	职业	毕业专业	最后学历	准考证号	客观题分数	主观题分数	呈报机关意见	司法部审批意见	备注

附件 3

2019 年国家统一法律职业资格考试不予授予法律职业资格意见表

呈报机关:(盖章)　　　　　　　　　　类别:(　　　)类

序号	姓名	性别	年龄	民族	职业	毕业专业	最后学历	准考证号	客观题分数	主观题分数	不予授予资格理由	呈报机关意见	司法部审批意见	备注

附件4

法律职业资格申请受理单

流水号：

<table>
<tr><td>事项名称</td><td colspan="3">法律职业资格认定</td></tr>
<tr><td rowspan="4">申请人信息</td><td>姓　名</td><td colspan="2"></td></tr>
<tr><td>电　话</td><td colspan="2">手机：　　　　座机：</td></tr>
<tr><td>地　址</td><td colspan="2"></td></tr>
<tr><td>电子邮箱</td><td colspan="2"></td></tr>
<tr><td>受理机构</td><td colspan="3">考区所在地司法行政机关</td></tr>
<tr><td>受理依据</td><td colspan="3">《法官法》第六十六条;《检察官法》第六十七条;《公务员法》第二十五条;《律师法》第五条;《公证法》第十八条;《仲裁法》第十三条;《行政复议法》第三条;《行政处罚法》第三十八条。《国家统一法律职业资格考试实施办法》第十八条;《法律职业资格证书管理办法》第四、五、七、八条</td></tr>
<tr><td>申请材料</td><td colspan="3">1.《法律职业资格申请表》(申请现场打印并确认)
2. 居民身份证原件
3. 毕业证书原件;持港、澳、台地区或国外高等学校学历学位证书的,由教育部留学服务中心出具认证材料
4. 享受放宽报名学历条件地方申请人户口簿原件
5. 与网上报名同底版二寸免冠彩色证件照片4张
6. 审核机关要求的其他材料</td></tr>
<tr><td>接收材料时间</td><td>年　月　日</td><td>办理接收时限</td><td>5个工作日</td></tr>
<tr><td>受理时限</td><td>2020年8月24日–28日</td><td>办结时限</td><td>在行政许可规定时限内办结</td></tr>
</table>

续表

审批编号		批件发放方式	统一通知、颁发
受理工作人员		联系电话	

注:申请人凭本受理单及有效身份证件领取审批结果。

受理机构盖章

日期:　　年　　月　　日

行政许可法相关条文:

第31条:申请人申请行政许可,应当如实向行政机关提交有关材料和反映真实情况,并对其申请材料实质内容的真实性负责。行政机关不得要求申请人提交与其申请的行政许可事项无关的技术资料和其他材料。

第78条:行政许可申请人隐瞒有关情况或者提供虚假材料申请行政许可的,行政机关不予受理或者不予行政许可,并给予警告;行政许可申请属于直接关系公共安全、人身健康、生命财产安全事项的,申请人在一年内不得再次申请该行政许可。

附件5

行政许可不予受理通知书

文号:

________(申请人姓名):

2020年____月____日,你向____________提交的法律职业资格申请及相关材料收悉。经审查,你提交的申请存在《中华人民共和国行政许可法》和《法律职业资格证书管理办法》规定的下列不予受理的情形,具体为:______________________________

____

根据《中华人民共和国行政许可法》第____条和《法律职业资格证书管理办法》第____条的规定,本机关决定不予受理。

如对本决定不服,可以自收到本决定之日起六十日内,依法向(行政复议机关)提出行政复议申请,或在六个月内向人民法院提起行政诉讼。

特此通知。

联系人及电话:____________________

（本机关行政许可专用章）

____年____月____日

注:

1.《中华人民共和国行政许可法》第三十二条第一款:

(一)申请事项依法不需要取得行政许可的,应当及时告知申请人不受理;

(二)申请事项依法不属于本行政机关职权范围的,应当即时作出不予受理的决定,并告知申请人向有关行政机关申请。

2.《中华人民共和国行政许可法》第七十八条:行政许可申请人隐瞒有关情况或者提供虚假材料申请行政许可的,行政机关不予受理或者不予行政许可,并给予警告。

3.《法律职业资格证书管理办法》第七条:地(市)司法局应当对申请人提交的申请材料进行初审。对申请材料完整、符合申领法律职业资格证书条件的,报省(区、市)司法厅(局)复审。对材料不完整的,应当退回申请人,并要求申请人在省(区、市)司法厅(局)规定的期限内补齐材料,逾期未补齐材料的,视为自动放弃申领资格。对材料不真实或不符合资格授予条件的人员,应当作出不予受理的书面决定。不予受理的决定应当说明理由,通知申请人,并报司法厅(局)备案。

附件 6

法律职业资格申请补正材料通知书(学历)

________(申请人姓名):

2020 年____月____日,本机关收到你提交的法律职业资格申请材料。经审查,你所提交的学历(毕业证书)信息材料,未能通过教育部学历认证机构核验。

依据《中华人民共和国行政许可法》第三十二条第一款第(三)项、第(四)项规定，请你于2020年9月18日前向本机关补正提交由教育部全国高等学校学生信息咨询与就业指导中心出具的中国高等教育学历认证报告(网址：http://www.chsi.com.cn)。如无正当理由不能或逾期提交的，视为你自动放弃申请，本机关不再受理你的法律职业资格申请。

特此通知。

××司法行政机关

2020年____月____日

温馨提示：请在申请学历认证时注明“**参加国家统一法律职业资格考试申请法律职业资格人员**”，学历认证机构将提供便利快捷服务。

附件7

法律职业资格申请补正材料通知书(其他)

________(申请人姓名)：

2020年____月____日，本机关收到你提交的法律职业资格申请材料。经审查，你需提交____________________等补正材料。

依据《中华人民共和国行政许可法》第三十二条第一款第(三)项、第(四)项规定，请于2020年9月18日前向本机关提交补正材料。如无正当理由不能或逾期提交的，视为你自动放弃申请，本机关不再受理你的法律职业资格申请。

特此通知。

××司法行政机关

2020年____月____日

附件8

户籍信息确认表

<table>
<tr><td>姓　　名</td><td></td><td>性　别</td><td></td><td rowspan="4">照片</td></tr>
<tr><td>出生日期</td><td></td><td>民　族</td><td></td></tr>
<tr><td>身份证号</td><td colspan="3"></td></tr>
<tr><td>准考证号</td><td></td><td>成　绩</td><td></td></tr>
<tr><td>申 领 地</td><td colspan="4">省　　　　市</td></tr>
<tr><td>户籍所在地</td><td colspan="4"></td></tr>
<tr><td>户籍地公安机关名称</td><td></td><td>户　号</td><td colspan="2"></td></tr>
<tr><td>住　　址</td><td colspan="4"></td></tr>
<tr><td>户主姓名</td><td></td><td>与户主关系</td><td colspan="2"></td></tr>
<tr><td colspan="5">注:黑体内容为本人报名时填写信息,审核工作人员应对申请人提交的户口簿相关内容进行核验,并填写以下处理意见。</td></tr>
<tr><td>如信息不一致须填写</td><td colspan="4">内容:
原因:</td></tr>
<tr><td>审核机关意见</td><td colspan="4">审核人签字:</td></tr>
</table>

本人承诺:以上填报内容真实准确,如有不实,本人自愿承担由此引起的一切后果,并放弃法律职业资格申请。

申请人签字:

日期:　　年　　月　　日

中华人民共和国司法部公告

（2020 年 7 月 29 日　第 6 号）

根据司法部 2019 年 11 月 29 日发布的公告（第 11 号），现就参加 2019 年国家统一法律职业资格考试成绩合格的普通高等学校、军队院校 2020 年全日制应届本科毕业生（包括专升本）和以同等学力报考的应届硕士毕业生申请授予法律职业资格事项公告如下：

一、网上申请

参加 2019 年国家统一法律职业资格考试达到合格分数线的普通高等学校、军队院校 2020 年全日制应届本科毕业生（包括专升本）和以同等学力报考的应届硕士毕业生，应于 2020 年 8 月 10 日 9 时至 14 日 24 时，登录司法部网站（http://www.moj.gov.cn）填报申请授予法律职业资格相关信息。申请人可以选择在居住地、户籍地或工作地申请授予法律职业资格。

户籍在放宽报名学历条件地方、考试成绩达到放宽合格分数线的申请人，须选择在本人户籍所在地的市（地、州、盟）司法行政机关办理申请授予法律职业资格事宜。申请人毕业后因学习、工作等原因将户籍已迁至放宽报名学历条件地方的，比照上述规定办理。

在内地就学毕业的香港、澳门、台湾地区申请人，可以选择内地的地市司法行政机关办理申请授予法律职业资格事宜。

已取得 2019 年考试合格成绩人员放弃申请的，应向报考地司法行政机关说明情况。

二、现场提交材料

申请人应于 8 月 24 日至 28 日期间，按照法律职业资格申请地司法行政机关公告公布的地点和有关疫情防控要求现场提交申请材料，办理资格申请和信息核验事宜。申请材料包括：

（一）居民身份证原件。

港澳居民还需同时提交港澳居民来往内地通行证或者港澳居民居住证原件；台湾居民还需同时提交台湾居民来往大陆通行证或者台湾居民居住证原件。

（二）符合放宽报名学历条件、放宽合格分数线条件的申请人，需提交本人报名时上传的户口簿原件。

（三）高等学校毕业证书原件。

（四）与本人 2019 年国家统一法律职业资格考试网上报名上传照片同一底片 2 寸（46mm×32mm）免冠彩色证件照片 4 张。

（五）根据规定需要提供的其他材料。

材料原件由司法行政机关现场审验后退回。

申请人申请材料齐全并符合法定形式的，司法行政机关采用集中受理的方式受理法律职业资格申请，申请材料不齐全或不符合法定形式的，申请人应在规定期限内及时补正材料。

申请人在规定期限内未提出申请且无正当理由的，视为自行放弃，司法行政机关不再受理。

三、证书颁发

申请授予法律职业资格人员经审核符合授予条件的，由司法部授予法律职业资格，颁发《法律职业资格证书》。证书颁发事宜由各地司法行政机关另行通知。

司法部办公厅　教育部办公厅　国家卫生健康委办公厅关于印发《新冠肺炎疫情防控常态化下国家统一法律职业资格考试组织实施与防疫工作指导意见》的通知

（2020年9月30日　司办通〔2020〕76号）

各省、自治区、直辖市司法厅（局）、教育厅（教委）、卫生健康委，新疆生产建设兵团司法局、教育局、卫生健康委：

为认真贯彻落实习近平总书记关于疫情防控工作的重要指示和党中央决策部署，贯彻落实《国务院应对新型冠状病毒感染肺炎疫情联防联控机制关于做好新冠肺炎疫情常态化防控工作的指导意见》（国发明电〔2020〕14号），统筹做好疫情防控常态化下的法律职业资格考试工作，有效保障广大应试人员、考试工作人员的生命安全和身体健康，确保法律职业资格考试平稳安全顺利，司法部会同教育部、国家卫生健康委研究制定了《新冠肺炎疫情防控常态化下国家统一法律职业资格考试组织实施与防疫工作指导意见》。现印发给你们，请结合本地实际贯彻执行。

新冠肺炎疫情防控常态化下国家统一法律职业资格考试组织实施与防疫工作指导意见

为认真贯彻落实习近平总书记关于疫情防控工作的重要指示和党中央决策部署，扎实做好新冠肺炎疫情防控常态化下的法律职业资格考试组织实施工作，确保将疫情防范在考场之外，确保广大应试人员和考试工作人员的生命安全和身体健康，确保考点、考场所在校园安全，确保考试不受疫情影响，努力做到让应试人员有试可考、安全参考，根据《国务院应对新型冠状病毒感染肺炎疫情联防联控机制关于做好新冠肺炎疫情常态化防控工作的指导意见》（国发明电〔2020〕14 号），现就做好法律职业资格考试组织实施与防疫工作提出以下意见。

一、健全工作机制

（一）完善协调机制。各地要向党委和政府汇报，将法律职业资格考试组织实施工作纳入当地疫情联防联控机制，压紧压实疫情防控和考试组织的各方责任。要进一步充实完善法律职业资格考试协调委员会（联席会议、领导小组）工作机制，将卫生健康部门纳入考试工作协调机制，会同教育部门、卫生健康部门做好考区考点考场设置和疫情防控工作。

（二）明确工作职责。考区司法行政部门要在当地卫生健康部门指导下，制定并执行覆盖法律职业资格考试工作全流程的疫情防控工作方案和应急预案。承担考试任务的院校要积极配合司法行政部门做好考点考场设置、机位检测、考试实施等保障工作。考区卫生健康部门协助做好考试工作人员的防疫知识培训和应急预案演练工作，选派人员担任考区副总指挥或者考点副总监考，指导做好考试疫情防控、医疗救治等工作。

（三）建立联系机制。考区司法行政部门、教育部门、卫生健康部门及考点院校要建立工作联系机制，指派专门人员负责考试疫情防控工作，及时会商、分析、研判本地及考点院校疫情防控工作形势和工作要求，根据疫情防控等级变化，适时调整相应级别的疫情处理方案。建立健全考区司法行政部门、教育部门和卫生健康部门常态化协作机制。

（四）加大保障力度。考区司法行政部门会同卫生健康部门加大工作保障力度，确保考试组织实施所需的防疫经费、必需的设施设备、物资物品等充足到位。

二、落实防控措施

（一）考前准备工作。

1. 应试人员健康状况监测。做好应试人员的宣传指导，要求进行考前 14 天自我健康状况监测。出现发热、咳嗽等呼吸道症状的，要及时向考区司法行政部门报告，并进行核酸检测。考前第 3 天，考区司法行政部门根据本地疫情情况，会同卫生健康部门对所有应试人员进行健康状态数据比对筛查。应试人员考前出现身体状况异常的，须经卫生健康部门、疾控机构和医疗机构进行专业评估，司法行政部门在保障广大应试人员和考试工作人员生命安全和身体健康前提下，综合研判评估是否具备正常参加考试的条件。凡不具备正常考试条件的应试人员，不得与健康应试人员同考场考试。如应试人员为确诊病例、疑似病例或者无症状感染者、确诊病例密切接触者，或者已治愈未超过 14 天的病例、不能排除感染可能的发热患者，经卫生健康部门、医疗机构和疾控机构等专业评估提出意见后，原则上不准予参加考试。

香港、澳门和台湾地区应试人员以及其他人员需要在考前入境内地（大陆）参加考试的，要遵守国家和考区所在地政府的疫情防控工作规定。

2. 考试工作人员健康状况筛查监测。各考区司法行政部门要至少于考前 14 天,完成考试工作人员(包括司法行政部门人员、考点监考人员、技术服务人员、考点医护人员等)遴选,并会同卫生健康部门对所有考试工作人员进行健康状态数据比对筛查。所有考试工作人员,须自考前 14 天起进行每日体温监测和报告,必要时须进行核酸检测。凡筛查发现考前 14 天有境外或非低风险地区活动轨迹的人员,根据当地有关疫情防控规定,不安排作为考试工作人员。考试工作人员考前 3 天内有发热症状的,一律不得参与考试工作。

3. 接收、保管、分发答题纸、草稿纸。押送人员要严格做好个人防护,所有参与人员在运送、交接过程中要加强个人防护,坚持佩戴口罩,做好手卫生。考试材料外包装、运送车辆、保密室要进行彻底消毒。

4. 提醒应试人员做好个人防护。考区司法行政部门要至少在考前 3 天提醒应试人员赴考点出行时,提前准备好口罩(一次性使用医用口罩或医用外科口罩)、手套、纸巾、手消毒剂等物资。提醒应试人员在规定时间前到达考点考场,以便有序验证健康码、测体温、人脸识别入场参加考试。

(二)防疫物资准备。各考点要配备适量的一次性使用医用口罩或医用外科口罩、一次性手套、消毒液、水银体温计、手持式体温检测仪、手消毒剂和消毒湿巾等物品,有条件的考点还可配备红外热像体温检测仪等设施设备。各考点要按每人每半天 1 个的标准为考试工作人员配备口罩,并为应试人员准备一定数量的备用口罩(应试人员口罩原则上自备)。考点要准备少量的防护服、防护面屏或护目镜、医用防护口罩、一次性手套、防护靴套、消毒剂等防疫物品,用于留置观察区及隔离考场工作人员的防护安全保障。

(三)考点考场设置。

1. 考场布置。各考区司法行政部门要以考点为单位设置普通考场(含备用考场)和专用隔离考场,普通考场要以当地疫情防控政策规定为准,合理规划考场内编排的应试人员人数和密度,确保应试人员横向和纵向间距符合防疫要求。非低风险地区不设置考点。

2.专用隔离考场。隔离考场要设在考点内相对独立的位置,考场外要划定警戒区域,并设置防疫专用通道。隔离考场与普通考场原则上按1:10的比例设置,少于10个考场的考点,要至少设置1个隔离考场。隔离考场启用原则为1人1间,隔离考场数量有限的,可在隔离考场四角相对独立位置编排1名应试人员,1间隔离考场内编排应试人员不得超过4人。

3.设置体温检测通道。考点考场要结合考务安全管理系统,在入口处设置足够的健康码扫码和体温检测点,条件具备的地方可在设置考务安全管理系统时配套使用红外热像体温检测仪,对所有进入考点的人员进行体温检测和健康扫码,减少人员聚集和等待时间。同时,设置遮阳棚(保温棚)和体温异常者复检室等,供待检人员做受检准备以及检测不合格人员短时休息调整使用。

4.考点考场消毒。各考区要在当地卫生健康部门(疾控机构)指导下,在考试封场前依次完成考点、考场(含备用考场)清洁、环境消毒和通风,包括对考场内外通道、电梯、楼梯、卫生间等公共区域以及考场内电脑桌面、桌椅、键盘、鼠标等考试设备进行预防性消毒。考试实施期间要确保每场考试考场内外通道、公共区域至少消毒1次,卫生间可每2小时消毒1次;在每天考试结束后对考场做一次预防性消毒。隔离考场要适当增加重点区域及重点物品的消毒次数。

(四)考试期间要求。

1.应试人员和考试工作人员进入考点、考场。考试当天,考点设多个体温检测通道,负责体温检测的工作人员要佩戴一次性使用医用口罩或医用外科口罩和一次性手套,应试人员、考试工作人员进入考点考场须接受体温测量,体温低于37.3℃方可进入考点。对于体温测量高于37.3℃的,可适当休息后复测。对考前两次测量体温均高于37.3℃的或者考试过程中出现发热症状的应试人员,要安排至留置观察区,由总监考、副总监考(专职负责考试疫情防控)以及考点医务人员共同研判和评估,在保障其他应试人员及考试工作人员生命安全和身体健康的前提下，出具专业评估建议。认定可以参加考试的，启用隔离考场，安排相关应试人员在隔离考场参考。经专业评估认为不具备参加考试条件的，做好解释工作，按照异常情况处置程序进行处置。

2. 个人防护要求。考前入场和考后统一离场阶段，所有进出考点、考场的人员均要佩戴口罩，应试人员除在通过考务安全管理系统进行人脸识别时摘下口罩外，在进入考点考场前要佩戴口罩，考试期间可自主决定是否佩戴口罩。考试工作人员全程佩戴口罩。凡进入隔离考场的工作人员均要全程做好防护。

3. 通风和保温。考场要加强通风换气，同时做好保温。在温度适宜的条件下，要保持自然通风。对于考场需要保温的考区，考试期间可关闭窗户，但要保证大门敞开，确保室内通风换气。如使用集中空调通风系统取暖，要保证通风系统正常，供风安全。每场考试结束后，要开窗通风换气 30 分钟以上。

4. 异常情况处置。考试过程中有发热、咳嗽等疑似症状者，由考点专业人员评估，判断为具备继续完成考试条件的应试人员，须安排在备用隔离考场考试。对于专业评估认定为不具备继续完成考试条件的应试人员，总监考、副总监考（专职负责考试疫情防控）和考点医务人员要立即启动应急预案，第一时间上报本地疫情防控领导小组处理，及时做好专业评估和医疗救治工作，同时将发热人员考试机位周边范围的应试人员全部转移至备用隔离考场，原考场做好消毒工作。考试结束后，监考人员要将隔离考场应试人员答卷（主观题考试）、草稿纸和其他考务资料分别装袋消毒后送至考务办公室，但要避免因消毒液造成答卷等粘连、破损。隔离考场内使用过的医用防护物品以及其他废物，要按照卫生健康部门有关医疗废物的处置办法进行集中妥善处理。对考试期间因体温异常、转移考场等防疫工作导致相关应试人员考试中断的，司法行政部门要按照有关考试工作规定进行补时，卫生健康部门要协助安排专业人员做好解释说明和心理疏导工作。相关情况在考场情况记录单和补时申请单上如实记录。

三、加强组织领导

（一）提高思想认识。各考区要深刻认识2020年法律职业资格考试组织实施工作面临的特殊形势和艰巨任务，坚持把人员生命安全和身体健康放在第一位，本着对应试人员、对社会高度负责的态度，始终将疫情防控摆在重中之重的位置，加强配合，形成合力，认真细致做好疫情防控常态化下考试组织实施工作的思想准备、工作准备和物资准备，确保年度考试组织实施工作平稳安全顺利。

（二）抓紧工作落实。各考区司法行政部门根据国家、当地政府关于疫情防控工作的各项规定，综合研判本地疫情防控形势，会同卫生健康部门、教育部门和考点院校，抓早抓细抓实本地考点考场选定、防疫物资配备、防疫岗位设置、考点环境消毒、应试人员和考试工作人员健康情况监测以及涉疫突发情况应急处置等工作，加强对考点考场疫情防控工作指导、监督，做到考试防疫"一点一策，精准施策"，既要做到有效防控，常态化疫情防控举措，又要防止过度反应。如出现考区所在地疫情防控风险等级提高等突发事件影响考试正常举行的，要按照国家和当地疫情联防联控机制规定执行的同时，报司法部作出公告。要加强对考试工作人员关于疫情防控和公共卫生突发事件应急处置等知识的培训和演练，提高考试工作人员有效处置突发事件的能力水平。

（三）加强宣传引导。做好考试防疫相关规定的信息发布工作，充分利用官方媒体和网络、微信公众号和手机短信等新媒体手段，提高应试人员和考试工作人员的公共卫生知识水平、健康意识和自我防护能力，引导应试人员配合做好疫情防控工作。对应试人员、考试工作人员出现的焦虑、焦躁等情绪，各地应耐心细致做好心理疏导工作。

中华人民共和国司法部公告

（2020 年 11 月 6 日　第 8 号）

依据《国家统一法律职业资格考试实施办法》等有关规定，现就 2020 年国家统一法律职业资格考试客观题考试成绩、合格分数线公布和主观题考试报名、交费等事项公告如下：

一、客观题考试成绩公布、查询

2020 年国家统一法律职业资格考试客观题考试成绩于 11 月 10 日公布。应试人员可自 11 月 10 日 0 时起，通过司法部网站、司法部微信公众号和中国普法网、中国普法微信公众号查询本人成绩，登录司法部网站自行下载打印成绩通知单。

二、客观题考试合格分数线

依据《国家统一法律职业资格考试实施办法》，司法部商最高人民法院、最高人民检察院等部门，确定 2020 年国家统一法律职业资格考试客观题考试合格分数线。全国合格分数线为 180 分。放宽合格分数线分为三档，西藏自治区放宽合格分数线为 140 分；青海、四川、云南、甘肃四省涉藏州县，四川凉山州、云南怒江州和甘肃临夏州等“三区三州”放宽合格分数线为 150 分；其他放宽地方放宽合格分数线为 160 分。

客观题考试合格成绩在本年度和下一个考试年度内有效。

三、主观题考试相关事宜

（一）报名与交费

主观题考试报名和交费时间为 11 月 10 日 0 时至 11 月 14 日 24 时。通过 2020 年客观题考试的应试人员和 2019 年客观题考试保留有效成绩人员，可以报名参加 2020 年主观题考试。应试人员应当在规定时间内登录司法部网站报名确认参加主观题考试，逾期不予补报。

（二）选择考区

2020 年客观题考试成绩合格人员，应当在客观题考试报名地所在的省（区、市）司法行政机关设置的考区参加主观题考试。

2019 年客观题考试保留有效成绩人员，确认报名参加 2020 年主观题考试，可以选择在工作、生活地所在的省（区、市）司法行政机关设置的考区参加考试。

新疆维吾尔自治区和新疆生产建设兵团考区因新冠肺炎疫情形势，2020 年度法律职业资格考试延期举行。已在新疆维吾尔自治区、新疆生产建设兵团工作、生活的 2019 年客观题考试保留有效成绩人员，参加新疆维吾尔自治区、新疆生产建设兵团考区延期举行的主观题考试。

（三）打印准考证

确认参加主观题考试人员，可于 11 月 23 日至 11 月 27 日登录司法部网站自行下载打印准考证。

（四）考试时间与方式

主观题考试时间为 11 月 28 日 9：00—13：00，考试时间 240 分钟。

2020 年国家统一法律职业资格考试主观题考试实行计算机化考试。试题、答题要求和答题界面均在计算机显示屏上显示，应试人员应当在计算机答题界面上直接作答。

应试人员因身体、年龄等原因使用计算机考试确有困难的，可在确认报名参加主观题考试时申请使用纸笔答题方式，试题、答题要求均在计算机显示屏上显示，应试人员在答题纸上作答。

选择使用少数民族语言文字试卷的，实行纸笔答题方式，试题、答题要求均在计算机显示屏上显示，应试人员在答题纸上作答。

省（区、市）司法行政机关根据使用纸笔答题方式人员数量等情况，集中设置纸笔答题方式的考区考点考场。

主观题考试设置选作题的，应试人员应选择其一作答。主观题考试由司法行政机关为应试人员统一提供电子法律法规，应试人员在计算机上查阅。

四、其他事宜

应试人员参加主观题考试，应当遵守国家、考区所在地新冠肺炎疫情防控工作的各项规定，自觉配合做好疫情防控工作。

应试人员（包括香港、澳门居民和台湾居民）参加2020年国家统一法律职业资格考试主观题考试的其他事宜，按照《中华人民共和国司法部公告》（第5号）执行。应试人员确认参加主观题考试的具体要求，可登录司法部网站查阅各省（区、市）司法行政机关公告。

应试人员主观题考试成绩、合格分数线的公布及申请授予法律职业资格事宜，由司法部另行公告。

司法部办公厅关于做好2020年国家统一法律职业资格考试客观题考试成绩公布和主观题考试组织实施工作的通知

（2020年11月6日　司办通〔2020〕85号）

各省、自治区、直辖市司法厅（局），新疆生产建设兵团司法局：

为做好2020年国家统一法律职业资格考试客观题考试成绩公布和主观题考试报名、交费等相关组织实施工作，现通知如下：

一、客观题考试成绩公布、查询

2020年国家统一法律职业资格考试客观题考试成绩于11月10日公布。应试人员可自11月10日0时起，通过司法部网站、司法部微信公众号和中国普法网、中国普法微信公众号查询本人成绩，登录司法部网站自行下载打印成绩通知单。

二、客观题考试合格分数线

依据《国家统一法律职业资格考试实施办法》，司法部商最高人民法院、最高人民检察院等部门，确定2020年国家统一法律职业资格考试客观题考试合格分数线。全国合格分数线为180分。放宽合格分数线分为三档，西藏自治区放宽合格分数线为140分；青海、四川、云南、甘肃四省涉藏州县，四川凉山州、云南怒江州和甘肃临夏州等“三区三州”放宽合格分数线为150分；其他放宽地方放宽合格分数线为160分。

客观题考试合格成绩在本年度和下一个考试年度内有效。

三、主观题考试相关事宜

(一)报名与交费

主观题考试的报名和交费时间为11月10日0时至11月14日24时。通过2020年客观题考试的应试人员和2019年客观题考试保留有效成绩人员,可以报名参加2020年主观题考试。应试人员应当在规定时间内登录司法部网站报名确认参加主观题考试,逾期不予补报。

(二)选择考区

2020年客观题考试成绩合格人员,应当在客观题考试报名地所在的省(区、市)司法行政机关设置的考区参加主观题考试。

2019年客观题考试保留有效成绩人员,确认报名参加2020年主观题考试,可以选择在工作、生活地所在的省(区、市)司法行政机关设置的考区参加考试。

新疆维吾尔自治区和新疆生产建设兵团考区因新冠肺炎疫情形势,2020年度法律职业资格考试延期举行。已在新疆维吾尔自治区、新疆生产建设兵团工作、生活的2019年客观题考试保留有效成绩人员,参加新疆维吾尔自治区、新疆生产建设兵团考区延期举行的主观题考试。

各省(区、市)司法厅(局)应综合疫情防控工作要求以及参加主观题考试的人数、交通情况、组织实施能力等因素集中设置主观题考试考区考点考场。

(三)打印准考证

确认参加2020年国家统一法律职业资格考试主观题考试人员,可于11月23日至11月27日登录司法部网站自行下载打印准考证。

(四)考试时间与方式

主观题考试时间为11月28日9:00—13:00,考试时间240分钟。

2020年国家统一法律职业资格考试主观题考试实行计算机化

考试。试题、答题要求和答题界面均在计算机显示屏上显示，应试人员应当在计算机答题界面上直接作答。

应试人员因身体、年龄等原因使用计算机考试确有困难的，可在确认报名参加主观题考试时申请使用纸笔答题方式，试题、答题要求均在计算机显示屏上显示，应试人员在答题纸上作答。

选择使用少数民族语言文字试卷的，实行纸笔答题方式，试题、答题要求均在计算机显示屏上显示，应试人员在答题纸上作答。

省（区、市）司法行政机关根据使用纸笔答题方式人员数量等情况，集中设置纸笔答题方式的考区考点考场。

主观题考试设置选作题的，应试人员应选择其一作答。

主观题考试由司法行政机关为应试人员统一提供电子法律法规，应试人员在计算机上查阅。

考试结束后，各省（区、市）司法厅（局）要根据考试工作规则要求，做好主观题机考的答题数据回收和上传工作，做好纸笔考试答卷的清点、封装、返送工作。纸质答卷应于 11 月 29 日至 30 日返送至华东政法大学（上海）评卷地。同时，做好草稿纸的回收保管工作。

四、其他事宜

应试人员参加主观题考试，应当遵守国家、考区所在地新冠肺炎疫情防控工作的各项规定，自觉配合做好疫情防控工作。

应试人员（包括香港、澳门居民和台湾居民）参加 2020 年国家统一法律职业资格考试主观题考试的其他事宜，按照《中华人民共和国司法部公告》（第 5 号）执行。

应试人员主观题考试成绩、合格分数线的公布及申请授予法律职业资格等事宜，由司法部另行通知。

五、工作要求

各地要认真落实《司法部关于做好 2020 年国家统一法律职业资格考试工作的通知》（司发通〔2020〕60 号）等工作要求，在当地党委、政府统一领导下，充分发挥卫健、教育、公安、工信、保密等部门的职能作用，统筹做好常态化疫情防控下的主观题考试组织实施工作，着眼“两个安全”要求，落实“十个百分之百”工作要求，确保疫情防控和法律职业资格考试万无一失。

（一）继续抓好常态化疫情防控。认真落实司法部办公厅、教育部办公厅、国家卫生健康委办公厅关于《新冠肺炎疫情防控常态化下国家统一法律职业资格考试组织实施与防疫工作指导意见》，严格执行当地疫情防控工作规定，加强组织领导，健全完善协作和联系工作机制，做好考前人员健康筛查、防疫物资准备、考点考场设置、考试期间防护及应急处置等各项防控措施要求。做好有非低风险地区旅居史以及进入内地（大陆）的港澳台考生的数据筛查、报考审核、健康筛查等工作，确保将疫情防范在考场之外、确保考试不受疫情影响、确保考试和人员安全。

（二）及时做好信息发布和舆情导控。根据司法部发布的《公告》要求，及时发布本地考试《公告》，做好报名交费、考区选择以及疫情防控要求等信息发布和政策宣传工作，对未确认参加主观题考试的应试人员要及时提醒。加强对考试工作网络舆情的监测、研判和引导工作，按照舆情处置三同步原则，做好依法处置、舆论引导、协调有关部门做好社会面管控工作，确保不发生负面舆情。

（三）认真做好考试组织实施工作。严格按照机考工作“十个百分之百”的要求，紧盯考试各个环节和各安全要素，继续深化与相关考点院校的协作关系，挖掘优质考点考场资源，优先使用客观题考试运行稳定的考点考场。适应疫情防控和主观题考试防作弊等要求，合理设置机考考区考点考场，拉开机位间距，降低考场考生密度；每个省（区、市）设置 1 至 2 个纸笔考试考点考场，纸笔考场按每考场 30 人的标准进行设置和编排，机位超过 30 台的可在管理上进行划分，座位间距应为 80 厘米以上。继续毫不放松做好机位检测和全要素、全时空测试，对新设考点、云机房、双电路、电力保障车、网络交换机、网络设备等进行重点检测，做好事故隐患排查，争取考试安全事故零发生。

（四）切实提高应急处置能力。认真落实法律职业资格考试应急预案等规定,严格执行司法部考试重大异常事项直接指挥制度,对因断电、断网等造成考试中断或延误的重大突发事件,要第一时间报司法部,并按指令迅速处置。要认真总结客观题考试出现的考试机、监考机、电力等方面的突发事件和异常情况,明确工作风险清单、责任清单和应对措施,完善应急预案,加强应急演练和应急培训,提高突发事件的快速反应能力和有效处置能力。

中华人民共和国司法部公告

（2020 年 12 月 10 日　第 11 号）

依据《国家统一法律职业资格考试实施办法》等有关规定，结合新冠肺炎疫情防控工作要求，现就新疆维吾尔自治区、新疆生产建设兵团考区组织实施 2020 年国家统一法律职业资格考试相关事项公告如下：

一、客观题考试相关事宜

（一）参考人员范围

在新疆维吾尔自治区、新疆生产建设兵团考区报名参加 2020 年法律职业资格考试客观题考试的人员。

（二）打印准考证

报名人员可于 12 月 15 日至 12 月 18 日登录司法部网站自行打印准考证。

（三）考试方式和时间

新疆维吾尔自治区、新疆生产建设兵团考区组织实施的 2020 年国家统一法律职业资格考试客观题考试，分为 12 月 19 日、20 日共两个批次，应试人员参加其中的一个批次考试。具体为：

第 1 批次考试时间：

试卷一：12 月 19 日 10:00—13:00，考试时间 180 分钟。

试卷二：12 月 19 日 15:30—18:30，考试时间 180 分钟。

第 2 批次考试时间：

试卷一：12 月 20 日 10:00—13:00，考试时间 180 分钟。

试卷二：12 月 20 日 15:30—18:30，考试时间 180 分钟。

（四）成绩公布

新疆维吾尔自治区、新疆生产建设兵团考区2020年国家统一法律职业资格考试客观题考试成绩于12月28日公布。应试人员可自12月28日0时起，通过司法部网站、司法部微信公众号和中国普法网、中国普法微信公众号查询本人成绩，登录司法部网站自行下载打印成绩通知单。

二、主观题考试相关事宜

（一）报名条件

符合下列条件之一的人员，可以报名参加新疆维吾尔自治区、新疆生产建设兵团考区2020年国家统一法律职业资格考试主观题考试：

1. 参加新疆维吾尔自治区、新疆生产建设兵团考区2020年国家统一法律职业资格考试客观题考试的成绩合格人员；

2. 已在新疆维吾尔自治区、新疆生产建设兵团工作、生活的2019年客观题考试保留有效成绩人员（不含已在全国其他考区参加2020年国家统一法律职业资格考试主观题考试人员）；

3. 天津、上海、内蒙古等考区因受新冠肺炎疫情影响在中风险以上区域封闭管理或居家隔离人员，未参加2020年国家统一法律职业资格考试主观题考试的。

（二）报名及交费

主观题考试报名和交费时间为12月28日0时至12月30日24时。应试人员应当在规定时间内登录司法部网站报名确认参加主观题考试，逾期不予补报。

（三）打印准考证

确认参加主观题考试人员，可于2021年1月7日至2021年1月9日登录司法部网站自行下载打印准考证。

（四）考试时间

主观题考试时间为2021年1月10日10:00—14:00，考试时间240分钟。

三、其他事宜

应试人员参加客观题考试、主观题考试，应当遵守国家、考区所在地新冠肺炎疫情防控工作的各项规定，自觉配合做好疫情防控工作。

应试人员参加新疆维吾尔自治区、新疆生产建设兵团考区2020年国家统一法律职业资格考试客观题考试和主观题考试的其他事宜，按照《中华人民共和国司法部公告》（第5号、第8号）执行。应试人员确认参加客观题考试、主观题考试的具体要求，可登录司法部网站查阅新疆维吾尔自治区、新疆生产建设兵团司法行政机关公告或询问考区所在地司法行政机关。

应试人员主观题考试合格分数线和成绩公布及申请授予法律职业资格事宜，另行公告。

（九）装备财务工作类

司法部办公厅关于进一步压实工程建设单位主体责任 防范廉政风险的通知

（2020 年 4 月 28 日 司办通〔2020〕40 号）

各直属单位：

近年来，我部工程建设项目管理总体规范有序，为司法行政事业改革发展提供了重要物质基础。但是，通过巡视、审计、纪检监察等工作，反映出在工程建设方面还存在一些问题，如个别单位存在项目招标不规范、项目概算超支、项目管理主体责任不明确等。为进一步加强直属单位工程建设项目管理，明确责任，防范违规违纪和腐败问题的发生，根据《中央预算内直接投资项目管理办法》（国家发展和改革委员会令第 7 号）、《中央预算内投资监督管理暂行办法》（发改投资〔2015〕525 号）等规定，结合我部实际，现将有关要求通知如下：

一、明确项目管理职责，压实建设单位主体责任

我部工程建设项目大多为各直属单位的建设项目，主要包括新建、改扩建及维修改造项目，其资金来源包括中央预算内基本建设资金、财政拨款资金以及单位自有资金。

建设单位是项目建设和管理的责任主体，对建设项目的组织实施、安全质量、资金管理负总责，对项目依法依规建设和廉政建设负总责。建设单位应当严格履行项目审批程序，落实建设资金，建设资金未到位的情况下，一律不准开工建设；严格按照规定履行报建手续，并按照批复建设内容、规模和工期组织建设；项目完工后，及时按照《建设工程质量管理条例》（国务院令第 714 号）等有关规定做好竣工验收工作；加强项目审批和实施过程中有关文件、资料档案管理；通过国家重大建设项目库及时、准确、完整报送项目建设信息；自觉接受检查，如实提供项目相关文件资料和情况。因建设资金无预算或未经批准，违规超概算造成欠薪的，建设单位承担相应责任。

项目负责人代表建设单位全面负责工程项目建设全过程管理，并对工程质量承担终身责任。每个工程建设项目必须明确项目负责人，一般是各直属单位法定代表人或经法定代表人授权的分管领导。项目负责人应当严格遵守《建设单位项目负责人质量安全责任八项规定（试行）》（建市〔2015〕35 号）并承担相应责任。各单位的建设项目，应在开工前，将项目负责人情况报送部装备财务保障局备案。按照国家有关规定，项目负责人未签订廉政责任书，或未切实履行相应职责，工程项目建设过程中存在违规违法行为的，依法追究项目负责人责任。

二、严格执行相关法律法规，规范招投标活动

根据《招标投标法》《招标投标法实施条例》（国务院令第 709 号）和《必须招标的工程项目规定》（国家发展和改革委员会令第 16 号），各建设单位应遵循公开、公平、公正和诚实信用的原则，依法对工程建设项目进行招标。严禁将工程建设项目进行人为拆分、化整为零，降低招投标相关要求或者以其他方式规避招标；严禁人为干预招投标活动，坚决落实回避原则。

依法必须进行招标的工程建设项目，一般应采取公开招标的形式。建设单位应根据国家有关规定，结合工程建设项目所在地招投标管理具体要求，制定具体招标方案，包含招标范围、招标方式、招标组织形式等，按照项目审批权限，同项目可行性研究报告一并报批，不得瞒报或漏报。涉及国家安全、国家秘密、抢险救灾或者属于利用扶贫资金实行以工代赈、需要使用农民工等特殊情况，不适宜进行招标的项目，按照国家有关规定执行。

建设单位必须在招标前和中标后，与各投标人、中标人签订廉政责任书。工程建设项目招投标过程中，建设单位党委（党组织）、纪委对招投标活动实施监督。依法必须进行招标的项目不招标，或依法应当公开招标的项目不公开招标等其他违法违纪问题，对单位直接责任人和其他责任人应依法依规追究责任。

三、加强项目资金管理，严禁违规超概算

根据《基本建设财务规则》（财政部令第 81 号），建设单位要做好工程建设项目财务管理工作，建立健全基本建设财务管理制度和内部控制制度，严格按照基本建设程序、年度投资计划、年度支出预算、工程进度申请和拨付资金。工程建设项目资金要专款专用，严格按照批准的项目预算执行，不得挤占挪用，未经批准不得改变资金使用性质。

根据《中央预算内直接投资项目概算管理暂行办法》（发改投资〔2015〕482 号），经核定的概算是项目建设实施和控制投资的依据，建设单位对项目概算管理负主要责任，严格按照已批复的初步设计和概算执行，不得擅自增加建设内容、扩大建设规模、提高建设标准或改变设计方案。

项目由于政策调整、价格上涨、地质条件发生重大变化等原因确需调整投资概算的，由建设单位提出调整方案，按照审批权限和程序报原概算核定部门核定。概算调增幅度超过原批复概算 10% 的，原则上先由审计机关进行审计，并依据审计结论进行概算调整。各建设单位超概算所需建设资金原则上自筹解决。

建设单位必须严格执行建设项目监理制，实现质量、投资、进度和安全的控制目标；必须严格实行建设项目合同制，明确对合同订立审核、合同履行及合同档案等关键环节管理要求，强化合同对资金收支活动的控制。

建设单位应严格执行《基本建设项目竣工财务决算管理暂行办法》（财建〔2016〕503 号）、《中央基本建设项目竣工财务决算审核批复操作规程》（财办建〔2018〕2 号），项目竣工验收合格或投入使用后，应在 3 个月内编报竣工财务决算，特殊情况确需延长的，不得超过 6 个月。项目竣工财务决算未经审核前，项目负责人及财务主管人员一般不得调离。

四、加强安全质量保障措施，严格落实安全质量责任

建设单位要认真贯彻执行《建设工程质量管理条例》（国务院令第714号）和《建设工程安全生产管理条例》（国务院令第393号），切实提高安全质量责任意识，严格落实有关各方责任，建立各负其责、齐抓共管的工程安全质量约束机制，确保工程质量安全。

建设单位要充分做好规划、可行性研究、初步设计等各阶段的基础工作；严格执行工程建设强制性标准，制定专门的安全质量防护措施；科学确定并严格执行合理工期；严格基本建设程序，坚决防止“三边”工程；加强施工管理，要定期和不定期地对有关各方落实安全质量责任情况进行检查，对发现的问题要督促整改；强化竣工验收质量管理，工程质量通过验收标准后，方可交付使用。

建设单位对项目建设的安全质量负总责，必须严格落实工程安全质量责任制。对违反国家规定，降低工程安全质量标准，或造成安全质量事故的，依法追究项目负责人和相关责任人的法律责任。

五、严格落实中央精神，严禁拖欠民营企业中小企业账款及欠薪

中办、国办印发通知对清理拖欠民营企业、中小企业账款工作提出明确要求。建设单位应根据批复的预算，按照法律法规和财政国库管理有关规定，及时、足额办理项目资金拨付，政府投资项目不得由施工单位垫资建设，不得拖欠民营企业和中小企业账款。

建设单位应层层压实责任，督促拖欠主体针对每笔欠款制定详细偿还措施和办法，确保无分歧欠款应清尽清，存在分歧的欠款通过调解、协商、司法等途径加快解决，决不允许增加新的拖欠。

严格落实《保障农民工工资支付条例》（国务院令第724号），优先清偿拖欠的农民工工资，各类项目建设都要留足用于支付农民工工资的资金并按合同及时发放，防止霸王条款、打白条等行为，不得以任何理由拖欠农民工工资。如发生欠薪，项目负责人和相关责任人承担相应法律责任。

六、建立报告制度，强化项目监督检查

要建立项目建设及廉政情况报告制度。有建设项目的单位要及时、准确、完整地报送项目开工、投资完成和工程形象进度等情况；按照《中共司法部党组　中央纪委国家监委驻司法部纪检监察组关于建立健全协作协调机制的意见》（司党通〔2019〕42号）精神，建立监督检查信息互通与结果共享机制，每年11月底前，有建设项目的单位要对项目管理、投资完成、招投标等有无违规等情况，存在的主要问题和解决措施等情况进行书面总结，并报送部装备财务保障局、机关纪委和驻部纪检监察组。

建设单位纪委、审计部门对项目建设全过程实施监督，强化招投标、项目落地实施、资金使用及安全质量管理等重点关键环节监督检查，切实履行好监管职责。

建设单位有下列行为之一的，责令其限期整改、暂停项目建设，对单位直接负责人和其他直接责任人员，依法追究行政或者法律责任。

（一）提供虚假情况骗取项目审批和中央预算内投资的；

（二）不按国家规定履行招标程序的；

（三）依法应当公开招标而采取邀请招标的；

（四）违反国家有关规定擅自开工建设的；

（五）未经批准擅自调整建设标准或者投资规模、改变建设地点、建设性质或者建设内容的；

（六）转移、侵占或者挪用建设资金的；

（七）未及时办理竣工验收手续、未经竣工验收或者验收不合格即交付使用的；

（八）已经批准的项目，无正当理由未及时实施或者完成的；

（九）对项目建设中存在的问题隐匿不报或严重失职的；

（十）工程质量存在重大问题的。

建设单位工作人员在项目建设过程中滥用职权、玩忽职守、徇私舞弊、索贿受贿的，依法追究行政或者法律责任。

各直属单位要认真落实本通知要求,加强和规范工程建设项目管理,及时发现并坚决纠正建设过程中违法违规行为,进一步构建工程建设项目管理长效机制。

司法部办公厅关于印发《司法部机关经济活动内部控制规范》的通知

（2020 年 8 月 20 日　司办通〔2020〕70 号）

中央依法治国办秘书局、驻部纪检监察组、部党组巡视办、部机关各厅局、各直属单位：

《司法部机关经济活动内部控制规范》已经 2020 年 7 月 31 日第 27 次部长办公会议审议通过。现印发你们，请认真遵照执行。

司法部机关经济活动内部控制规范

第一章　总　　则

第一条　为贯彻落实党的十九大和十九届四中全会精神，进一步规范司法部机关（以下简称“部机关”）内部经济活动，加强权力运行制约，健全廉政风险防控机制，根据《中华人民共和国预算法》《中华人民共和国会计法》《中华人民共和国政府采购法》《行政事业单位内部控制规范（试行）》等法律法规和相关规定，结合部机关实际，制定本规范。

第二条　本规范适用于部机关本级。

第三条 部机关经济活动内部控制的主要目标:合理保证部机关经济活动合法合规、资产安全和使用有效、财务信息真实完整,有效防范舞弊和预防腐败,着力提升部本级内部管理水平,稳步推进司法行政各项工作,为全面依法治国提供有力法治保障和有效法律服务。

第四条 部机关经济活动内部控制的基本原则:

(一)全面性原则。内部控制贯穿部机关经济活动的决策、执行和监督全过程,实现对经济活动的全面控制。

(二)重要性原则。在全面控制的基础上,重点关注部机关重要经济活动及相关重大风险。

(三)制约性原则。部机关各厅局在部门管理、职责分工、业务流程等方面,相互制约,相互监督。

(四)适应性原则。内部控制应符合国家有关规定和部机关实际,并随着外部环境的变化、内部管理的需要,不断修订和完善。

第五条 部机关经济活动内部控制的具体工作:梳理部机关各类经济活动的业务流程,明确业务环节;系统分析经济活动风险,确定风险点,选择风险应对策略;建立健全部机关内部管理制度,组织实施并监督相关工作人员认真执行。

第二章 风险评估和控制方法

第六条 部机关定期对经济活动存在的风险进行全面、系统和客观评估。风险评估从组织和业务两个层面进行,组织层面主要对部机关经济活动内部控制工作的组织情况、内部控制机制的运行情况、内部控制关键岗位工作人员的管理情况以及内部控制系统设计与运行情况等进行评估。业务层面主要对预算、收支、政府采购、资产管理、建设项目、合同等制度设计情况、业务运行情况进行评估。

当外部环境、经济活动或管理要求发生重大变化时,应及时进行风险评估。评估报告应提交部机关经济活动内部控制领导小组,作为完善内部控制的依据。

经济活动风险评估可委托社会中介机构进行。

第七条 部机关经济活动内部控制的一般方法：

（一）不相容岗位相互分离。合理设置部机关经济活动内部控制关键岗位，明确划分部机关各部门的职责权限，实施相应的分离措施，形成相互制约、相互监督的工作机制。

（二）内部授权审批控制。明确各岗位办理业务和事项的权限范围、审批程序和相关责任，建立重大事项集体决策和会签制度。相关工作人员在授权范围内行使职权、办理业务。

（三）归口管理。根据部机关实际情况，有关厅局和信息中心、机关服务中心根据“三定”方案赋予的职能，按照权责对等的原则，各司其职，实施管理。

（四）预算控制。强化对经济活动的预算约束，使预算管理贯穿于部机关经济活动的全过程。

（五）财产保护控制。建立资产日常管理制度和定期清查机制，采取资产记录、实物保管、定期盘点、账实核对等措施，确保资产安全完整。

（六）会计控制。建立健全部机关财会管理制度，加强会计机构建设，提高会计人员业务水平，强化会计人员岗位责任制，规范会计基础工作，加强会计档案管理，明确会计凭证、会计账簿和财务会计报告处理程序。

（七）单据控制。部机关根据国家有关规定和机关的经济活动业务流程，在内部管理制度中明确界定各项经济活动所涉及的表单和票据，相关工作人员按照规定填制、审核、归档、保管单据。

（八）信息内部公开。建立健全经济活动相关信息内部公开制度，根据国家有关规定和部机关实际情况，确定信息内部公开的内容、范围、方式和程序。

第三章　单位层面经济活动内部控制

第八条　部机关成立司法部机关经济活动内部控制领导小组。领导小组组长由分管装备财务保障工作的副部长担任，驻部纪检监察组、办公厅、政治部、装备财务保障局、直属机关党委、信息中心、机关服务中心等主要负责人担任副组长，上述部门分管内控建设的负责人担任部机关经济活动内部控制领导小组主要成员。

第九条　部机关经济活动的决策、执行和监督应当相互分离，在"一把手"负责制基础上，合理分配各分管领导、领导小组职能，合理保证权利运行效率与风险防控目标同步实现。

第十条　部机关逐步建立健全决策、执行与监督机制。

（一）逐步完善授权科学、权责一致的决策体系以及集体研究、专家论证与技术咨询相结合的议事决策机制。

（二）逐步健全授权审批与报告反馈相结合的执行控制机制。

（三）逐步加强上级监督、同级监督与内外部审计相结合的监督约束机制。

第十一条　部机关建立健全经济活动内部控制关键岗位责任制，明确岗位职责及分工，提升岗位人员业务水平与综合素质。

（一）建立轮岗与专项监督制度，强化对预算管理岗、财务审核岗、票据管理岗、政府采购管理岗、资产管理岗等关键岗位的控制，确保不相容岗位相互分离、相互制约和相互监督。

（二）合理划分不相容职责，定期实施专项检查等，合理控制关键岗位经济风险。

（三）加强经济活动内部控制关键岗位工作人员业务培训和职业道德教育，确保经济活动内部控制关键岗位工作人员具备与其工作岗位相适应的资格和能力。

第十二条　部机关充分运用现代科学技术手段加强经济活动内

部控制。将经济活动及其内部控制流程嵌入相关信息系统中,减少或消除人为操纵因素,保护信息安全。

第四章　业务层面经济活动内部控制

第一节　预算业务控制

第十三条　加强预算管理,预算编制测算过程要有理有据,力求各项收支数据真实准确。各厅局要按照统一的项目申报模板申请项目资金,装备财务保障局组织开展预算评审工作。预算编制不符合规定的,由各厅局调整后在限期内重新上报装备财务保障局,调整后仍不符合规定的,不得列入部机关预算。各厅局要硬化预算约束,按照财政部批复后的预算安排支出,落实支出责任,加强预算执行。

第十四条　加强决算编审工作,装备财务保障局在全面清理核实收入、支出、资产等,并办理年终结账的基础上编制部机关决算,确保决算真实、完整、准确、及时,做到账证相符、账实相符、账表相符、表表相符。

第十五条　加强预算执行和决算分析,装备财务保障局定期通报各厅局预算执行情况,研究解决部机关预算执行中存在的问题,提出改进措施,提高预算执行的有效性。加强决算分析工作,强化决算分析结果运用,建立健全预算与决算相互反映、相互促进的机制。

第十六条　加强预算绩效管理,绩效目标由资金申请单位按要求设定,并细化、量化为具体的绩效指标,装备财务保障局负责绩效目标审核,未按要求设定绩效目标或审核未通过的,不得安排预算。各厅局应按要求做好绩效评价,真实客观反映绩效情况,对绩效不高的项目,减少预算或不再安排预算。

第二节　收支业务控制

第十七条　健全票据管理制度。财政票据、发票等各类票据的申领、启用、核销、销毁均应履行规定手续。票据应当按照顺序号使用，不得拆本使用，做好废旧票据管理。

第十八条　健全支出管理制度。明确经济活动的支出内容和标准，明确支出报销流程，按照规定办理支出事项。合理设置岗位，明确相关岗位的职责权限，确保支出申请和内部审批、付款审批和付款执行、业务经办和会计核算等不相容岗位相互分离。财务印章要分人管理，职责明确，依据授权审批加盖财务印章。

第十九条　按照支出业务的类型，明确内部审批、审核、支付、核算和归档等支出各关键岗位的职责权限。实行国库集中支付的，严格按照财政国库管理制度有关规定执行。

（一）加强支出审批控制。明确支出的内部审批权限、程序、责任和相关控制措施，审批人应当在授权范围内审批，不得越权审批。

（二）加强支出审核控制。全面审核支出是否符合预算，审批手续是否齐全。超出规定标准的支出事项应说明原因并附审批依据，对超出预算且无相关审批手续的不予审核通过。

（三）加强支付控制。明确报销业务流程，按照规定办理资金支付手续。支出凭证应当附反映支出明细内容的原始单据，经办人应确保原始单据真实合法。

（四）加强支出的核算和归档控制。装备财务保障局根据支出凭证及时准确进行会计核算，登记会计账簿。与支出业务相关的合同等材料应当提交装备财务保障局作为账务处理的依据。

第二十条　深入贯彻落实党中央、国务院关于过“紧日子”和坚持厉行勤俭节约反对浪费有关要求，优化部机关支出结构，压减一般性支出，加大资金统筹力度，完善重大项目安排、大额资金审批和使用流程，推动建立财政资金使用全流程内控机制。

第三节　政府采购控制

第二十一条　部机关建立健全政府采购内部管理制度，强化政府采购预算与计划、政府采购过程、验收等环节的管控。

第二十二条　建立政府采购使用、实施、财务保障部门相互制约机制，确保政府采购依法合规、廉洁高效、监督有力。

第二十三条　加强对政府采购预算与计划管理，建立预算编制、政府采购使用和实施、资产管理部门之间的沟通协调机制。根据政府采购使用部门实际需求和相关标准编制政府采购预算，提高政府采购预算编制的准确性、科学性，确保政府采购计划顺利执行。

第二十四条　政府采购实施部门要加强对政府采购活动的过程管理，尤其是对政府采购活动的组织形式、政府采购方式、代理机构、重要品目、节能环保等情况加强内部审核。

第二十五条　政府采购使用和实施部门要加强政府采购项目验收管理，完善验收流程，确保政府采购标的符合要求，资产移交及时，保证资产安全。

第二十六条　政府采购信息要全程留痕，政府采购实施部门要加强对政府采购业务的记录控制，妥善保管政府采购预算与计划、各类批复文件、招标文件、投标文件、评标文件、合同文本、验收证明等政府采购业务相关资料。

第四节　资 产 控 制

第二十七条　部机关对资产实行分类管理，强化增量资产与存量资产相结合的管理机制，建立健全资产配置、维护、处置、清查管理制度，确保资产安全和有效使用。

第二十八条　加强对流动资产的管理，建立健全各流动资产管理岗位责任制，强化货币资金、银行账户和存货管理。

第二十九条 加强对固定资产的管理,按照财政部、国管局固定资产配置的有关规定,加强对固定资产配置、使用、维修、评估和处置的过程控制。

第三十条 加强对无形资产的管理,完善无形资产登记、使用、评估的流程和标准。

第三十一条 建立定期资产清查盘点机制,明确清查范围和清查要求,建立资产清查盘点报告制度。

第五节 建设项目控制

第三十二条 按照国家发改委或财政部有关规定,做好对建设项目项目建议书、可行性研究报告、初步设计和概算、竣工财务决算等审批或评审。

第三十三条 严格按照规定权限和程序审核建设项目,保证项目符合国家有关建设标准和规范。必须时,可委托具备相应资质的工程咨询机构对项目建议书、可行性研究报告、初步设计概算进行评估或审核。

第三十四条 严格做好建设项目竣工财务决算审核。严格控制概算调整,对调增幅度超过原核定概算 10% 及以上的,必须由建设单位报送调整概算书,经专业机构评审后再办理概算调整批复手续,超概算所需建设资金原则上自筹解决。

第三十五条 严格落实有关规定,项目竣工验收合格或投入使用后,应在 3 个月内编报竣工财务决算,特殊情况确需延长的,经过批准可以延长 2 个月。项目竣工财务决算应委托有专业能力的社会中介机构进行审核,未经审核前,建设项目负责人及财务主管人员一般不得调离。

第三十六条 建立建设项目定期报告制度,督促建设单位及时、准确、完整上报项目开工、投资完成等情况,对项目开展定期或不定期督导检查。

第六节　合 同 控 制

第三十七条　明确对合同订立审核、合同履行及合同档案等关键环节管理要求,确保合同订立严谨性、合同执行严肃性,强化合同对资金收支活动的控制。

第三十八条　加强对合同订立的管理,规范各类合同的格式条款,明确签章权限。合同(协议)当事人名称、标的物数量和质量、总价款、分期付款时间和金额、违约责任等内容和条款,签署时间、签订人签字等基本要素应当齐全、准确。保密合同订立应当符合保密要求。

第三十九条　各厅局主要负责人是合同(协议)管理的第一责任人,合同(协议)应当由各厅局主要负责人或授权分管负责人签订,并加盖单位公章或单位合同专用章。合同(协议)需经司法部公职律师或法律顾问(律师)审核并签字确认。

第四十条　各厅局是本单位的合同归口管理部门,负责对本厅局合同实施流程控制和统一编号控制,建立合同台账,有效监控合同履行,加强合同执行进度控制与合同变更控制。

第四十一条　定期归集合同文本,实施分类归档管理,确保合同档案安全、完整。

第五章　评价与监督

第四十二条　部机关应建立健全内部监督制度,明确各相关部门或岗位在内部监督中的职责权限,规定内部监督的程序和要求。

第四十三条　内部审计部门应当定期或不定期检查部机关内部管理制度和机制的建立和执行情况,以及经济活动内部控制关键岗位及人员的设置情况等,及时发现部机关经济活动内部控制存在的问题并提出改进建议。

第四十四条　定期开展部机关经济活动内部控制自我评价,向财政部报送司法部经济活动内部控制报告,及时优化提升部机关经济活动内部控制体系设计和执行的有效性。

第四十五条　各厅局要强化责任意识,严格落实执行,接受财政部、审计署、纪检监察机关对部机关经济活动内部控制建立和实施情况的监督检查。对违反本规范要求的相关责任人员,按规定追究党纪政务责任;涉嫌违法的,移交司法机关处理。

第六章　附　　则

第四十六条　部直属单位应参照本规范,结合本单位实际,制定经济活动内部控制规范,健全经济活动内部控制体系。

第四十七条　本规范由装备财务保障局负责解释。

第四十八条　本规范自印发之日起施行。

司法部办公厅关于进一步加强预算资金支出审批管理的通知

（2020 年 9 月 3 日　司办通〔2020〕71 号）

中央依法治国办秘书局、部党组巡视办、部机关各厅局、各直属单位：

为贯彻落实 2020 年 7 月 31 日第 27 次部长办公会议纪要“要进一步加强对预算资金的管理，今后超过人民币 100 万元（含 100 万元）的预算外支出都要提交部长办公会议讨论决定”的要求，现将有关问题通知如下：

一、强化预算约束，维护预算刚性和权威。各单位要严格按照财政部批复的预算安排支出，对于不按预算提出的需求，或是超过标准提出的需求，以及突破预算的支出需求原则上不予支付。

二、使用部本级经费的各单位，预算内的支出事项须经厅（局）务会研究通过，司法部年度会议、培训计划以外的，金额在 10 万元（含）以上的大额支出，经厅（局）务会研究通过后须报分管部领导批准。

三、使用部本级经费的各单位，预算外的临时性、紧急性支出，应严格从严控制，确实无法在批复本单位预算资金规模内予以安排，经费需求在 100 万元（不含）以下的，由实施项目的牵头单位报经分管部领导签批后报部主要领导批准；经费需求在 100 万元（含）以上的，由实施项目的牵头单位提交部长办公会议讨论决定。上述资金原则上从实施项目的牵头单位及与该业务有关的单位经费中统筹安排。

四、各直属单位应严格按照本单位确定的经济活动资金限额和审批程序办理各项经济活动支出。100 万元(含)以上的预算外支出,应确定资金来源和渠道,确保资金到位后,提交部长办公会议讨论决定。

司法部办公厅关于贯彻落实《保障中小企业款项支付条例》的通知

（2020年10月16日　司办通〔2020〕82号）

中央依法治国办秘书局、驻部纪检监察组、部党组巡视办、部机关各厅局、各直属单位：

《保障中小企业款项支付条例》（国务院令第728号，以下简称《支付条例》）已于2020年9月1日起施行。现就贯彻落实好《支付条例》通知如下：

一、压实主体责任。各厅局、直属单位是贯彻落实《支付条例》的工作主体，要切实担负起主体责任，对本项工作负总责；对于《支付条例》中涉及的各项合同签订和执行等问题，单位主要领导是第一责任人，分管领导和具体承办人员负相应责任，谁批准合同谁负责，谁签订合同谁负责，谁执行合同谁负责。单位的纪检监察、巡视等部门要做好监督检查和违规违纪责任追究工作，对违反《支付条例》的行为人要按规定追究责任。

二、硬化预算约束。各厅局、直属单位要强化预算意识和硬化预算执行，增强预算严肃性，做到无预算不采购、无预算不支出，尤其是使用财政资金从中小企业采购货物、工程、服务时，应当严格按照批准的预算执行，不得随意调整预算；不得无预算、超预算开展采购；不得无预算、超预算安排支出。对无预算、超预算安排支出的，谁批准谁负责。

三、严格项目管理。严格工程项目审批，没有落实资金来源的一律不得开工建设。严禁未批先建、先开工后立项,严禁以各种方式要求企业带资承包、垫资建设。各单位建设项目应严格按照规定执行已批复核定的初步设计及概算,不得擅自增加建设内容、扩大建设规模、提高建设标准。因不可抗力确需调整的,建设单位事前应按规定程序履行相应手续并报批,各单位超概算所需建设资金原则上自筹解决。未经批准自行实施的,对单位主要领导和相关责任人依法依规追究责任。

四、严防新增欠款。根据《中共中央办公厅　国务院办公厅关于进一步做好清理拖欠民营企业中小企业账款有关工作的通知》(厅字〔2019〕45 号)和财政部有关要求,我部自 2019 年 4 月起,建立清欠月报制度,根据月报显示,现阶段已无欠款。各厅局、直属单位要高度重视清理拖欠和杜绝新增欠款工作,单位主要领导要亲自抓,严明纪律,严肃责任,严格自查自纠,确保已有拖欠得到彻底清理,并不再发生新增欠款情况。

五、建立长效机制。各厅局、直属单位要建立长效机制,完善合同审批、签订和执行等相关制度,明确具体工作流程和相应岗位职责,分门别类建立合同管理台账和执行情况清单,对合同签订与执行情况跟踪问效。不得要求中小企业接受不合理的付款期限、方式、条件和违约责任等交易条件,不得违约拖欠中小企业的货物、工程、服务款项,要严格按照相关法律法规和《支付条例》有关规定,依法合规签订合同并及时支付款项。

六、逐项落实条文。在认真学习研读《支付条例》基础上,要逐项对照《支付条例》,查找本单位及所属单位现行做法与《支付条例》规定不相符的问题,明确工作流程,严格预算管理并规范付款期限、方式、条件、违约责任等交易条件,依法规范合同管理及款项支付,建立预防拖欠中小企业款项的工作机制和管理制度,保障中小企业款项及时支付,每年按规定及时公开上一年度逾期尚未支付中小企业款项的合同数量、金额等信息。

五、附　　录

公证协会工作类

关于加强公证行业党组织规范化建设的实施方案

（2020 年 4 月 30 日　中公通〔2020〕8 号）

各省、自治区、直辖市司法厅（局）公共法律服务管理处（局），新疆生产建设兵团司法局公共法律服务管理处，各省、自治区、直辖市公证协会，新疆生产建设兵团公证协会：

为贯彻落实《中共司法部党组关于加强公证行业党的领导　优化公证法律服务的意见》（司党〔2020〕1 号），加强党对公证工作的领导，进一步规范公证行业党组织建设，实现公证行业党的组织和党的工作全覆盖，制定如下实施方案。

一、总体要求

坚持以习近平新时代中国特色社会主义思想为指导，全面贯彻落实新时代党的建设总要求，坚持党对公证工作的全面领导，坚持以政治建设为统领，加强公证行业党组织规范化建设，实现公证行业党的组织和党的工作全覆盖，党员公证人员全部纳入组织管理，党性观念显著增强，进一步发挥党员公证人员的先锋模范作用和党组织的战斗堡垒作用，建设一支忠诚干净担当的高素质公证队伍。

二、工作措施

（一）规范党组织设置

1. 有 3 名以上正式党员的公证机构，都要单独设立党组织，新设立的公证机构须同步成立党组织。正式党员超过 50 名的，应当成立党总支；正式党员超过 100 名的，应当成立基层委员会。（各地司法

行政机关和公证机构,2020 年 6 月完成)

2. 党员人数不足 3 名的公证机构,由主管司法行政机关原则上按照区域相邻、就近方便的原则,“以大带小”、“以强带弱”,在法律服务行业内或与司法行政机关组建联合党支部。(各地司法行政机关和公证机构,2020 年 6 月完成)

3. 无党员的公证机构,由主管司法行政机关选派党建工作指导员,明确工作职责,实现指导工作全覆盖。(各地司法行政机关和公证机构,2020 年 6 月完成)

4. 规范党组织领导班子配备,按规定成立党支部委员会,选优配强党组织领导班子,有条件的设立专职副书记,配备专兼职党务工作者,鼓励公证机构党组织设立专职党务工作者。(各地司法行政机关和公证机构,2020 年 6 月完成)

(二)完善党建工作制度和工作机制

5. 对照党章党规,修订完善各地公证协会、公证机构章程或工作制度,写入党组织设置、地位作用、职责任务、工作保障等党建工作内容。(各地公证协会适时召开会员代表大会修订章程;各公证机构 2020 年 6 月完成)

6. 对照《公证机构党组织规范化建设标准》,结合公证机构工作实际,进一步细化完善公证机构党建工作各项制度。(各公证机构党组织,2020 年 6 月完成)

7. 建立健全党组织全面参与公证机构业务发展、队伍建设、分配考核等重大事项决策的工作机制,发挥党组织在人员选聘、表彰奖励、违法违规惩戒中的政治把关作用,明确党组织负责人出具公证机构工作人员的政治鉴定意见。(各公证机构党组织,2020 年 6 月完成)

8. 落实公证机构负责人“一岗双责”,推动实现党组织负责人与公证机构管理层、决策层双向进入,交叉任职。建立健全党组织与公证机构决策管理层重大问题会商、重要情况通报、重要会议列席制度。(各公证机构党组织,2020 年 6 月完成)

（三）规范党组织生活

9. 对照党章和《关于新形势下党内政治生活的若干准则》、《中国共产党支部工作条例（试行）》等规定，规范“三会一课”、主题党日、组织生活会、民主评议党员等活动，经常性组织党员参加政治学习、谈心谈话、开展批评与自我批评。（各公证机构党组织，持续推进）

10. 团结和联系非党员公证人员和群众，组成相对固定的联络小组，结合公证业务和公益法律服务，创新载体和活动方式，共同开展活动。（各公证机构党组织，持续推进）

11. 加强党建活动场所建设，有条件的公证机构应当建设党建活动室，不具备单独建设党建活动室条件的公证机构应当积极利用当地区域性、综合性、开放性党群活动中心开展活动。（各公证机构党组织，持续推进）

12. 推动党建工作与业务工作相融合，创新党建活动方式，把党组织活动融入公证机构执业活动、日常管理、文化建设中，大力推行“智慧党建”模式，增强党内组织生活的吸引力、感染力。（各公证机构党组织，持续推进）

（四）加强党员教育管理

13. 坚持把政治标准放在首位，切实做好党员发展工作。注重在骨干公证人员和公证机构管理决策层中发展党员，把党员公证人员培养成公证机构骨干和管理者。（各公证机构党组织，持续推进）

14. 组织开展党组织和党员基本信息核查，及时督促、帮助党员公证人员按照执业关系接转组织关系，杜绝“隐形党员”、“口袋党员”。（各公证机构党组织，2020 年 6 月完成）

15. 加强党建工作培训，对党员公证人员定期开展经常性纪律教育和警示教育，增强党员教育培训的针对性和有效性，监督党员履行义务，遵守党的纪律和宪法法律，恪守职业道德和执业纪律。（各公证机构党组织，持续推进）

16. 落实全面治党主体责任，对发生严重违纪违法行为的公证机构及其负责人，加大问责力度，依照相关规定及时作出组织处理或纪律处分。（各地司法行政机关、公证协会和公证机构党组织，持续推进）

三、工作步骤

（一）动员部署阶段

1. 各地要认真贯彻落实《中共司法部党组关于加强公证行业党的领导　优化公证法律服务的意见》、《公证机构党组织规范化建设考评标准》，要将本《实施方案》的具体要求向司法厅（局）党委（组）报告。及时部署开展公证机构党组织规范化建设，对公证机构党组织建设情况全面排查，进一步细化工作措施，明确任务分工和完成时限，广泛宣传发动，确保工作有序推进。（各地司法行政机关、公证协会和公证机构党组织，2020 年 5 月上中旬完成）

2. 制定《公证机构党组织规范化建设考评标准评分细则》，并以此为基础完善全国公证管理系统公证行业党建信息工作模块，指导各公证机构及时准确填报相关信息（线上）。（部公共法律服务管理局、中国公证协会，2020 年 6 月完成）

（二）自查整改阶段

3. 各地要组织所辖公证机构党组织，对照《公证机构党组织规范化建设考评标准》，认真开展自查，深入查找存在的问题和不足，对存在的问题进行认真分析，解剖原因，制定针对性整改措施。各地司法行政机关和公证协会党组织要注重整合资源，加强综合协调，督促指导基层党组织解决问题的同时，对自身规范化建设情况进行自查整改，在不断解决问题中进一步规范党建工作。（各地司法行政机关、公证协会和公证机构党组织，2020 年 6 月中旬完成）

4. 坚持突出重点，分类指导。重点检查指导公证机构党组织设置情况和党员基本信息统计。对党员人数不足 3 名的公证机构，重点指导组建联合党支部。对无党员的公证机构，重点指导主管司法行政机关选派党建工作指导员，确保公证机构党组织和党的工作全覆盖。对有 3 名以上党员的公证机构党组织规范化建设情况，各地司法行机关和公证协会可先行验收考评,注重总结经验,补齐工作短板。(各地司法行政机关、公证协会和公证机构,2020 年 6 月下旬完成)

(三)考评督导阶段

5. 各级司法行政机关要认真履行主体责任,党委(党组)要认真履行第一责任人责任,切实抓好公证行业党组织规范化建设工作。各地公证协会要加强工作指导,认真落实具体责任。公证机构党组织负责人要认真履行工作职责,确保各项任务落到实处。部公共法律服务局和中国公证协会将适时开展考评抽查和工作督导,对党组织规范化建设工作要求落实不重视、不到位的,要通报整改。(部公共法律服务管理局、中国公证协会,各地司法行政关、公证协会和公证机构,2020 年 6 月完成)

6. 各地要努力挖掘在党组织规范化建设方面表现突出的公证机构和公证人员典型,认真总结推广经验做法。要通过报纸、电视、微信、微博等平台大力宣传,充分发挥先进典型的示范带动作用,为推进公证行业党组织规范化建设工作营造良好氛围。(部公共法律服务管理局、中国公证协会,各地司法行政关、公证协会和公证机构,持续推进)

图书在版编目(CIP)数据

中华人民共和国司法行政规章汇编. 2020 / 中华人民共和国司法部编. -- 北京 : 法律出版社, 2021
ISBN 978 - 7 - 5197 - 5776 - 2

Ⅰ. ①中… Ⅱ. ①中… Ⅲ. ①司法机关 - 行政管理 - 规章制度 - 汇编 - 中国 - 2020 Ⅳ. ①D926.1

中国版本图书馆 CIP 数据核字(2021)第 145134 号

中华人民共和国司法行政规章汇编(2020)
ZHONGHUA RENMIN GONGHEGUO SIFA XINGZHENG GUIZHANG HUIBIAN (2020)

中华人民共和国司法部 编

策划编辑 沈小英 刘 莹
责任编辑 刘 莹
装帧设计 李 瞻

出版发行 法律出版社
编辑统筹 法治与经济出版分社
责任校对 晁明慧 王 皓
责任印制 吕亚莉
经　　销 新华书店

开本 850 毫米 × 1168 毫米 1/32
印张 9.25 **字数** 279 千
版本 2021 年 8 月第 1 版
印次 2021 年 8 月第 1 次印刷
印刷 中煤(北京)印务有限公司

地址:北京市丰台区莲花池西里 7 号(100073)
网址:www.lawpress.com.cn
投稿邮箱:info@lawpress.com.cn
举报盗版邮箱:jbwq@lawpress.com.cn
销售电话:010 - 83938349
客服电话:010 - 83938350
咨询电话:010 - 63939796

书号:ISBN 978 - 7 - 5197 - 5776 - 2　　**定价**:78.00 元

凡购买本社图书,如有印装错误,我社负责退换。电话:010 - 83938349